D1692418

die
STRIPPENZIEHERINNEN

Welche Frauen stehen im Hintergrund?

Zum Schutz der Umwelt wurden FSC-zertifizierte Papiersorten verwendet.

Die Deutsche Bibliothek – CIP-Einheitsaufnahme

Judith Kleinemeyer & Sandra Busch-Janser (Hg.): Die Strippenzieherinnen. Welche Frauen stehen im Hintergrund? polisphere library Berlin/München/Brüssel 2008.

ISBN 978-3-9-384561-7-0

© polisphere – your gate to politics & consulting

Printed in Germany
Satz und Layout: polisphere, Berlin/München/Brüssel
Umschlag: Plett, Schulte und Partner, München
Herstellung: GGP, Pößneck

INHALTSVERZEICHNIS

Geleit
Strippenzieherinnen – wo seid ihr? Da!

Der Dank zur Entstehung dieses Buches geht in erster Linie an alle Strippenzieher und -zieherinnen, die sich im politischen Berlin tummeln. Insbesondere aber geht der Dank an die des männlichen Geschlechts, die uns erst durch ihr Gekungel in Sitzungssälen und auf Abendveranstaltungen auf die Idee brachten, unser tägliches Umfeld mit anderen Augen zu betrachten. Bei Themen wie „Wo haben Sie gedient?" oder „Verbindung – schlagend oder nicht?" können Frauen naturgemäß nicht mitsprechen. Es blieb uns also nur der Weg nach vorn: Warum funktioniert die Welt so, wie sie funktioniert? Und weil wir uns in unseren Überlegungen im Kreis drehten, fragten wir andere. Erst waren wir ein wenig verunsichert und fürchteten, in die Lila-Latzhosen-Ecke gestellt zu werden, doch in zahlreichen Gesprächen entdeckten wir letztlich Strippenzieherinnen, die sich alle auch schon einmal Gedanken darüber gemacht hatten. So beschlossen wir, diese einzusammeln und zusammenzustellen.

Unser Dank geht an alle Gesprächspartner, die sich auch für die gewagtesten Thesen offen zeigten und mitdiskutierten, an all unsere Angehörigen, Freunde und Kollegen, die uns in der Zeit der Entstehung dieses Buches ertrugen und natürlich an unseren Sponsor, dimap communications, unsere Autorinnen und andere Beteiligte, die die Entstehung dieses Buches erst durch ihre Uneigennützigkeit, Zeitinvestition und Wohltätigkeit möglich machten. Niemand verlangte Geld für seine Tätigkeit. Wir danken allen von ganzem Herzen.

Judith Kleinemeyer & Sandra Busch-Janser

Berlin im Februar 2008

Einleitung

Die Wirtschaftswoche titelte im Januar 2008 „Töchter an die Macht. Junge Frauen erobern die Chefetagen der deutschen Wirtschaft." Das Titelbild und die Platzierung als erstes Heft im neuen Jahr vermitteln den Eindruck, 2008 würde das Jahr, in dem junge Frauen die Führung von deutschen Unternehmen übernehmen. Ein Jahr der Frauen mit Machtanspruch? Beim Aufschlagen des Heftes dann die Ernüchterung: Der Artikel war überschrieben mit „Papis Liebling" – das relativierte die Ankündigung doch sehr. Der Beitrag versammelte einige wenige mittelständische Familienunternehmen, in denen die Töchter die Nachfolge übernehmen, denn „anders als Söhne zeigen die jungen Frauen mehr Respekt vor dem Lebenswerk des Seniors". Wird Frauen also nur durch Papas Gnaden unternehmerische Verantwortung übertragen? Diese Spekulation klingt durchaus zwischen den Zeilen des Beitrags mit und hinterlässt einen schalen Beigeschmack. Dennoch ist es bemerkenswert, dass einem renommierten Wirtschaftsmagazin einige wenige Frauen, die in Zukunft ein Unternehmen führen werden oder es bereits tun, eine Titelgeschichte wert sind, denn es bestätigt umso mehr das vorherrschende Bild: Herren in dunklen Anzügen sind auch heute noch die Macher. Männer bestimmen das wirtschaftliche Geschick unseres Landes – ob Wirtschaftsbosse beim Börsengang, Vorstandsvorsitzende bei den Aktionärshauptversammlungen, männlicher Schlagabtausch in Verhandlungsrunden oder Geschäftsführer im Interview zur neuesten Firmenstrategie – Frauen in solchen Rollen wirken noch immer wie Exoten. Und das obwohl mehr als die Hälfte unserer Gesellschaft weiblich ist, Mädchen besser in der Schule sind und häufiger erfolgreich ihr Studium abschließen.

Was also hat die Studentenbewegung in den 60er und 70er Jahren und insbesondere auch das Engagement von Alice Schwarzer und ihren Mitstreiterinnen mit ihrer Forderung noch Gleichberechtigung tatsächlich erreicht? Heute ist das Thema unter dem neudeutschen Schlagwort „gender mainstreaming" fast überall „schick". Aber wird diese in unserer Gesellschaft auch gelebt? Natürlich bringt auch der Mann hin und wieder den Müll hinaus und übernimmt Aufgaben im Haushalt. Doch bedeutet dies, dass die Frau im Gegenzug auch mal den Vorstandsvorsitz eines Unternehmens übernimmt? Wie sieht es aus in Wirtschaft und Politik?

Stehen Frauen im Hintergrund?

Im Februar 2007 stellte das DIW Berlin in einer Studie[1] fest, dass Spitzenpositionen in großen Unternehmen fest in der Hand von Männern sind. Dazu hatte das Forschungsinstitut die nach Umsatz größten 200 bzw. 100 Unternehmen in Deutschland im Hinblick auf ihren Frauenanteil im Aufsichtsrat bzw. in den Vorständen/Geschäftsführungen untersucht. Im Aufsichtsrat der 200 größten Unternehmen sind lediglich 7,8% Frauen vertreten, wobei über die Hälfte von ihnen von der Arbeitnehmervertretung entsandt sind. Lediglich zwei Aufsichtsräte werden von weiblichen Vorsitzenden geleitet – allerdings sind beide Kapitaleignerinnen.[2] Es scheint, als ob Frauen ohne entsprechenden finanziellen Hintergrund gar nicht die Position eines Aufsichtsratsvorsitzenden erlangen könnten. Bei den Vorstandsposten finden sich folglich noch weniger Frauen in Verantwortung: In den 100 größten deutschen Unternehmen findet sich nur eine einzige Frau im Vorstand.

Deutschland befindet sich im europäischen Vergleich bei den je 50 größten Unternehmen immerhin noch mit 11% Frauenanteil im Mittelfeld. Führend ist – wen wird es überraschen – Norwegen mit einem knappen

---

[1] Elke Holst, Anne-Katrin Stahn, Spitzenpositionen in großen Unternehmen fest in der Hand von Männern, DIW Berlin Wochenbericht 7/2007.

[2] Dabei handelt es sich um Maria-Elisabeth Schaeffler/Schaeffler-Gruppe und um Bettina Würth/Würth-Gruppe.

Drittel Frauenanteil, gefolgt von anderen skandinavischen Ländern. Beim Anteil von Frauen in breiter definierten Managementpositionen steht Deutschland nach Angaben der Europäischen Kommission mit rund einem Viertel am unteren Ende der Länderrangfolge. Selbst Länder wie Spanien und Italien, die eine relativ geringe weibliche Erwerbsbeteiligung aufweisen, können mit einem Drittel einen höheren Anteil als die Deutschen aufweisen.

Aber es gibt nicht nur ein Manko bei der gleichberechtigten Übernahme von Verantwortung, das Frauenförderprogramme sinnvoll erscheinen lässt. Auch die Tatsache, dass es große geschlechterspezifische Unterschiede in der Bezahlung gibt, zeigt den Handlungsbedarf. Den Forderungen der Frauenbewegung zum Trotz, sind die Gehälter weiblicher Mitarbeiter heute noch immer geringer als die männlicher. Rund 22 Prozent liegt das durchschnittliche weibliche Monatseinkommen unter dem des anderen Geschlechts. Zahlreiche Studien kommen zum gleichen Ergebnis: Es gibt eine berufliche Schlechterstellung der Frau. Und auch die freiwillige Vereinbarung von 2001 zur Förderung der Chancengleichheit von Frauen und Männern in den Unternehmen, die zwischen den Spitzenverbänden der deutschen Wirtschaft und der damaligen Bundesregierung geschlossen wurde, hat in großen Unternehmen weder zu einer Annäherung der Beteiligungsquote von Frauen und Männern in den höchsten Positionen noch auf mittleren Managementpositionen geführt.

Wie steht es mit der deutschen Politik? Als Sekretärinnen durchaus etabliert, hielt das weibliche Geschlecht in den letzten Jahren zunehmend Einzug in das politische Umfeld. Frauen arbeiteten im politischen Umfeld als wissenschaftliche Mitarbeiterin in der ministeriellen Administration oder als Büroleiterin bei Politikern. Doch es tut sich noch mehr: In den vergangenen Jahren wurde ein Anstieg an weiblichen Mandatsträgern sowohl auf kommunaler, landes- als auch bundespolitischer Ebene verzeichnet. Seit 2005 wird sogar das Bundeskabinett erstmals von einer Frau geleitet, doch eine Erhöhung der Zahl der weiblichen Kabinettsmitglieder bzw. leitenden Ministerialbeamten brachte dies nicht mit sich. Durch diese offen-sichtlichen Veränderungen hat sich unsere Gesellschaft inzwischen an den Auftritt von Politikerinnen und die Übernahme von Verantwortung durch Frauen in entsprechenden Positionen gewöhnt. Doch ganz selbstverständ-lich ist dies nicht, denn trotz einer weiblichen Regierungschefin würde die Ernennung einer Verteidigungsministerin sicherlich noch einige Verwun-derung auslösen.

Auch das Berliner Parkett, also das politische Umfeld von Regierung und Ministerien mit all seinen Beratern, Interessensvertretern und Firmenrep-räsentanten, stellt hinsichtlich der deutlichen Männerpräsenz keine Aus-nahme dar. Es wird noch immer zum größten Teil von Männern in dunk-len Anzügen beherrscht. Berliner Podien werden von schütterem Haar, dem seit vielen Jahren gepflegten Buffet-Bäuchlein und – manchmal auch gut sitzenden – schwarz-grauen Anzügen dominiert. Ab und an zeigt sich ein jüngeres Gesicht in der Herrenrunde, doch auch dann schlägt man sich am Buffet bei frisch gezapften Bier und Boulette kumpelhaft auf die Schulter. Zu den anschließenden Gesprächen an der Bar wird gerne eine dicke Zigarre gepafft und es werden Geschichten über die guten alten Studententage oder die Bundeswehrzeit zum Besten gegeben.

Diese Szenen wiederholen sich Abend für Abend an vielen Veranstal-tungsorten in Berlin, doch im Vergleich zu Bonner Zeiten lässt sich doch eine Veränderung beobachten. Immer öfter mischen sich Frauen unter das Publikum und lockern die Männerrunden auf – und das nicht mehr nur als nette Begleiterinnen. Dabei setzen sie Akzente durch fachlich qua-lifizierte Äußerungen zu den neusten Steuerplänen oder geplanten Gese-zesänderungen im Bereich der Energiepolitik – beides bisher reine Män-nerdomänen. Immer öfter erleben Männer, dass das weibliche Geschlecht im Arbeitsalltag als beratende Instanz auftritt oder gar wirtschaftliche In-teressen vertritt.

Die Anzahl von Lobbyistinnen und wissenschaftlichen Politikberaterinnen ist in der Vergangenheit gestiegen, aber längst ist ihre Präsenz nicht so gang und gäbe, wie es beispielsweise in den USA oder in Brüssel der Fall ist. Insbesondere die wissenschaftliche Politikberatung in Deutschland weist nur wenige Frauen in verantwortungsvollen Positionen auf – hier lassen sich die Gründe vielleicht in der antiquierten Struktur des deutschen Forschungsbetriebes vermuten. Doch auch die deutsche Industrie setzt meist auf Männer, so dass die Zahl der Interessenvertreterinnen immer noch recht gering ist. Sucht man hier nach Gründen, könnte man vermuten, dass es an der Männerdominanz auf der Führungsebene und den damit verbundenen Netzwerken oder dem oft schlechten Ruf der Branche liegt, den die politisch-praktische Beziehungsarbeit hierzulande leider noch immer hat.

Die wenigen weiblichen Akteure in diesem Umfeld treten dafür mit einem wachsenden Selbstbewusstsein auf, das auch dem Willen entspringt, endlich einmal aufzuräumen mit dem verstaubten Bild des Lobbyisten, der angeblich mit Geldkoffern durch das Land zieht und Politiker und Beamte besticht. Noch immer sind in den Medien und den Köpfen der Menschen solche Vertreter wie der Waffen-Lobbyist Walter Schreiber präsent, der aus dem fernen Kanada nach wie vor ein negatives Image für eine ganze Branche pflegt. Schillernde Persönlichkeiten wie Schreiber oder auch Moritz Hunziger, der vor einigen Jahren durch gemeinsame Besuche mit Politikern bei Herrenausstattern von sich Reden machte, sind selten geworden in Berlin. Keine Zigarren, kein teurer Rotwein zur Mittagszeit, keine Cognacschwenker mehr in verrauchten Hinterzimmern, zu denen nur Herren Zutritt haben – es hat sich etwas geändert auf dem Berliner Parkett der Politik. Aber ist das schon genug?

Weibliche Karrieren

Es gibt immer mehr Frauen, die etwas zu sagen haben, die Strippen ziehen. Da muss DIE ZEIT gar nicht mehr fordern „Strippenzieherinnen vortreten!"[3]. Ein Blick in die politische Arena zeigt, dass es nicht mehr richtig ist, wenn behauptet wird: „Die Frau möchte sich hinter dem Chef verstecken. Er soll ihr Sprachrohr sein, und sie will die Strippen im Hintergrund ziehen." Die vielen politischen Mandats- und Funktionsträgerinnen, wie zahlreichen Landes- und Bundesministerinnen sind bereits aus dem Hintergrund getreten. Und Bundeskanzlerin Dr. Angela Merkel demonstriert täglich: Frauen können und wollen entscheiden, regieren und Macht ausüben.

Doch nicht in allen Bereichen sind Frauen bereits in der öffentlichen Wahrnehmung angekommen. In diesem Buch treten Strippenzieherinnen aus verschiedenen politiknahen Bereichen aus dem Schattendasein hervor und stellen sich, ihre Position und ihr Selbstverständnis dar. Dies geschieht aber nicht, um die Forderung der ZEIT zu erfüllen, sondern um überkommenen Rollenbildern entgegenzutreten, die Frauen eher in der zweiten oder dritten Reihe als vorne auf dem Podium zeigen und so schon fast zu einer selbsterfüllenden Prophezeiung werden. Im Fokus stehen Frauen unter 45 Jahren, die Führungspositionen einnehmen, und die man gemeinhin als „Strippenzieherin" bezeichnen könnte, da sie entweder direkten Zugang zur Politik haben oder in Randbereichen der Politik arbeiten und so Einfluss nehmen können. Für die einzelnen Beiträge haben die Autorinnen dieses Sammelbandes unterschiedliche Schwerpunkte gewählt: Die einen gewähren Einblicke in den Arbeitsalltag eines Entscheidungsträgers, andere wiederum geben durch ihre persönliche Entwicklungsgeschichte Hinweise darauf, wie man bewusst seine Karriere gestalten kann. Es handelt sich bei dieser Sammlung zum einen um eine Dokumentation von (weiblichen) Lebensläufen, zum anderen soll aber auch kritisch diskutieren werden, ob es bewusste oder unbewusste geschlechterspezifische Mechanismen der Karrieregestaltung gibt. Dabei wird auch auf Heraus-

---

[3] Jens Jessen „Strippenzieherinnen vortreten! Das Kreuz mit der Emanzipation" in: Die Zeit, Nr. 35 vom 25.08.2005.

forderungen aufmerksam gemacht, die mit der Entscheidung für einen ambitionierten beruflichen Werdegang verbunden sind. Karrieresprünge wechseln sich auch in diesem Arbeitsfeld mit beruflichen Niederlagen ab und stellen jeden vor die Frage, wie mit solchen Niederlagen umgegangen werden soll.

Politik bzw. der politiknahe Bereich gehören immer noch zu Berufsfeldern, in denen Männer-Seilschaften das Bild der Öffentlichkeit bestimmen. Erst langsam gelingt es Frauen, an dieses „old boys" Netzwerk aufzuschließen und sich Positionen zu erarbeiten, die anderen Frauen als Vorbild dienen können. In Hintergrundgesprächen wurde immer wieder kritisiert, dass es in Deutschland kaum weibliche Vorbilder für Karrieren gibt, die mit Einfluss, Entscheidungskompetenzen und Macht verbunden sind. Aus Mangel an Alternativen wurde deshalb meist auf die Bundeskanzlerin verwiesen, die durch ihren Sprung an die Spitze des Staates der neuen Generation talentierter Frauen als Rollenvorbild dienen kann. Dr. Angela Merkel vermittelt eindeutig: Es ist nicht mehr aussichtslos, sich als Frau hohe Ziele zu setzten.

Typisch weiblich?

Zu Beginn der Amtszeit wurde – neben der Beurteilung des Aussehens – auch immer wieder nach typisch weiblichen Stilkomponenten der Bundeskanzlerin gesucht. Nach nunmehr zwei Jahren im Amt haben sich die Gemüter ein wenig beruhigt, aber immer wieder gibt es Titelgeschichten oder Beiträge in den Medien, die die Begriffe Frau und Macht mehr als Gegensatzpaar verstehen.[4] So verhält es sich auch in anderen Bereichen,

---

[4] Jüngstes Beispiel „Merkels Macht – Auf den Spuren der Kanzlerin", eine Ein-Jahres-Beobachtung von Stephan Lamby und Michael Rutz mit 18 Interviewpartnern, gesendet am 02.01.2008 in der ARD (NDR).

in denen erfolgreiche Frauen Entscheidungen treffen. Immer wieder wird die Frage gestellt, ob es typisch weibliche beziehungsweise typisch männliche Verhaltensweisen gibt, die sich karrierefördernd auswirken und die eigene Position festigen. Oder sind eher geschlechtsneutrale Managementqualitäten nötig, die den Sprung an die Spitze wahrscheinlicher machen?

Das Buch betrachtet die Entwicklung von weiblichen Karrieren. Unumgänglich ist dabei die Perspektive von außen: Die Wahrnehmung von Frauen durch Vorgesetzte und Kollegen. Im Laufe der Entstehung des Buches zeigte sich, dass Frauen nur durch überdurchschnittliche Leistung eine ähnlich hohe Anerkennung durch ihre Umwelt erfahren wie männliche Kollegen. Viel seltener als bei Männern waren Förderprogramme wie Mentoring, Coaching oder die Mitgliedschaft in Netzwerken für die Autorinnen und andere Gesprächspartnerinnen ein wichtiges Thema bei der Gestaltung der Karriere.

Vergleicht man die Erfahrungen in der deutschen Arbeitswelt mit den Erfahrungen, die Frauen im anglo-amerikanisch geprägten Arbeitsumfeld machen, zeigt sich häufig, dass Frauen in Deutschland deutlich höhere Barrieren überwinden müssen, um beruflich Erfolg zu haben. Es stellt sich deshalb hierzulande schon viel früher die Frage nach einem glassceiling-Problem. Mit der Frage, wie durchlässig die Managementebenen deutscher Unternehmen und Strukturen im politiknahen Bereich für engagierte und qualifizierte Frauen sind, beschäftigt nahezu jede ehrgeizige Frau in der Branche. Alle Gesprächspartner diskutierten engagiert, welche Strategien Frauen verfolgen oder verfolgen sollten, um Türen aufzustoßen, die ihnen bisher verschlossen blieben und inwieweit man hier vom anderen Geschlecht lernen kann. Dass auch Männer ihr Verhalten der veränderten Situation anpassen, wurde selten angezweifelt.

Das Buch gliedert sich in vier Abschnitte, die die Beiträge der Autorinnen gruppieren: Wissenschaftliche Politikberatung, Wirtschaftliche Interessenvertretung, Gemeinnütziges Lobbying und Netzwerke und Hintergrundkreise. Um die unterschiedlichen Berufsfelder kurz vorzustellen, in denen die beteiligten Strippenzieherinnen tätig sind, wird jeder Abschnitt mit einer kurzen Branchenskizzierung eingeleitet. Zur atmosphärischen Einstimmung wird jede Autorin in einem Portrait vorgestellt. Den Auftakt bildet das Interview mit dem Coach Anette Schirmer-Rusch, die seit Jahren mit weiblichen und männlichen Führungskräften aus Politik und Wirtschaft zusammenarbeitet. Ganz bewusst ausgespart haben die Herausgeberinnen die Perspektive der aktiven Politik. Zu viele Aspekte wie beispielsweise Parteienproporz, Unterscheidung von Bundes- und Landespolitik hätten berücksichtigt werden müssen und den Umfang des Buches gesprengt. Ungewollt ausgespart bleibt der Bereich der politischen Interessenvertretung von großen Unternehmen, da leider keiner der angefragten Konzerne zu einer Beteiligung bereit war.

Die hier versammelten und oft ganz unterschiedlichen Lebensentwürfe und Erfolgsstrategien stehen für sich und können sicher nicht einfach kopiert werden, doch sie sollen einen Beitrag zu einer offenen Diskussion über die Rolle der Frau in der Arbeitswelt leisten, die uns wohl noch viele Jahre fesseln wird.

Im Portrait

Anette Schirmer-Rusch
Geschäftsführerin des
Institutes Coaching Individual & Partner

Unweit des Bahnhofs Friedrichstraße, in Berlins Mitte, hat das Beratungsinstitut „Coaching Individual" von Anette Schirmer-Rusch seinen Sitz. Wer bei einem Besuch einen Büroraum mit Schreibtisch erwartet, liegt falsch. Ihre Besucher empfängt die Coaching-Expertin in einem klar gestalteten Raum, der geprägt ist von zwei roten Sesseln, die zum Verweilen einladen. Frische Blumen und entspannte Musik runden die Wohlfühl-Atmosphäre ab. Die Menschen, die normalerweise in den bequemen Ledersesseln Platz nehmen, sind Führungspersönlichkeiten aus dem Management, die noch höher hinaus wollen. Oder Personen, die ihre Position an der Spitze festigen möchten und sich dabei nicht nur auf das nötige Quäntchen Glück verlassen, sondern ganz gezielt am persönlichen Erfolg arbeiten wollen. Von Schirmer-Rusch erwarten sie, dass sie ihnen hilft, die kommunikative Gewinner-Strategie zu entwickeln.

Zwischen Männern und Frauen macht die Beraterin in ihrer Arbeit keine Unterschiede, denn ihre Kunden bringen den grundlegenden Ehrgeiz für die Spitze mit. Zwischen Mädchen und Jungs hingegen lassen sich ihrer Ansicht nach schon einige Unterschiede feststellen: Während Jungs sich bereits in frühen Jahren im Wettkampf üben, werden Mädchen meist dazu angehalten, Konflikte zu vermeiden. Das wirkt sich auch auf die späteren Kommunikationsmuster aus.

Kuscheln oder kämpfen
– das macht den Unterschied

ASR: Ich arbeite als selbständige Beraterin und Trainerin seit 1995 deutschlandweit mit Führungskräften und Selbstständigen aus den Bereichen Politik, Wirtschaft, Verwaltung. Im Jahr 1999 habe ich ein Ausbildungsinstitut gegründet und biete seitdem jährlich zertifizierte Ausbildungen zum Business Coach in Berlin und zukünftig auch in Köln an. Ich bin sowohl persönlich als Coach als auch als Ausbildungsinstitut Mitglied in einem Verband. Seit zwei Jahren arbeite ich an der Uni und habe da im Fachbereich Wirtschaft das Thema „Coaching als Führungsaufgabe" etabliert. Der Ausbildung nach bin ich Juristin mit zusätzlichen Aus- und Weiterbildungen im Systemischen Bereich.

Hrsg: Was ist eigentlich Coaching?

ASR: Coaching ist, wenn es um Einzelcoaching geht, eine individuelle Beratungsform. Es kommen Kunden zu mir oder ich gehe in Unternehmen, die sehr individuelle Fragestellungen haben. Meine Kunden sind an einem Punkt, wo sie sagen: Ich möchte mich gerne weiterentwickeln und brauche dazu einen professionellen Partner. In der Regel haben sie bereits selbst versucht zu klären, was für eine Veränderung nötig ist, kommen aber an einem Punkt nicht weiter und wünschen sich eine Unterstützung auf Zeit. Das heißt, meine Aufgabe ist es, zu schauen, wo steht mein Kunde, was hat er für ein Anliegen und wo möchte er gerne hin? Als Coach unterstütze ich diese Wegstrecke lösungs- und ressourcenorientiert, indem wir gemeinsam Kriterien entwickeln, um zu prüfen, auf welchem Stück des Weges man sich gerade befindet und welche Richtung eingeschlagen werden soll, um dann diesen Weg gemeinsam zu gehen.

Hrsg: Aus welcher Ebene kommen die Leute auf Sie zu?

ASR: Es sind immer Führungskräfte und die Ebenen sind unterschiedlich. Unter meinen Kunden sind Vorstände oder Inhaber von Unternehmen, sowie Manager auf unterschiedlichsten Niveaus, das hängt vom Auftrag ab. Auch Personalabteilungen kontaktieren mich, weil sie für einen Vorstand, für eine Führungskraft, jemanden suchen, der berät. Interessenten wenden sich teilweise auch selbstständig an mich. Seit Jahren arbeite ich mit Empfehlung.

Hrsg: Wie verhalten sich Frauen im Arbeitsalltag: Gibt es eine andere Strategie, ein anderes Herangehen bei Frauen als bei Männer in einer Führungsposition im Arbeitsalltag?

ASR: Ich finde, man kann Frauen und Männer als Gruppe nicht über einen Kamm scheren. Es gibt Frauen, die haben einen starken – wenn man in solchen Kategorien denken möchte – männlichen Anteil, und es gibt Männer, die haben einen starken weiblichen Anteil, so dass insgesamt ein starkes Mischungsverhältnis besteht.

Hrsg: Kann man denn sagen, dass Frauen mit einem starken männlichen Anteil erfolgreicher sind oder, dass sich das irgendwie auf den beruflichen Erfolg auswirkt?

ASR: Ich glaube, dass Frauen, die wissen, was sie können, wo sie stehen, was sie wollen oder auch nicht wollen und dies auch kommunizieren, in Führungspositionen erfolgreich sind. Männern ist ein solches Verhalten vertrauter als Frauen. In der Geschäftswelt vereinfacht es die Kommunikation für einen Mann, wenn eine Frau das gleiche Denk- und Kommunikationsmuster verfolgt wie er. Ob der Mann diese Frau dann allerdings attraktiv findet, steht auf einem ganz anderen Blatt. Tendenziell ist eine Frau mit männlichen Denkmustern unattraktiver, denn das ist nicht das, was ein Mann sich unter einer Frau, mit der er zusammen sein möchte, vorstellt. Aber es ist das, was ein Mann sich unter einer Geschäftspartnerin, einer Vorgesetzten oder einer Kollegen vorstellt um sie – und letztendlich auch sich selbst, ernst zu nehmen.

Hrsg: Coachen sie mehr Männer oder mehr Frauen?

ASR: Das Verhältnis ist ungefähr ausgeglichen.

Hrsg: Wie ist ihre Einschätzung in den Führungspositionen? Hat sich da in der letzten Zeit was getan? Rücken Frauen auf?

ASR: Frauen findet man schon in Führungspositionen, aber noch selten in Spitzenführungspositionen. Es gibt einfach einen Punkt, da hört es auf. Das Klima wandelt sich jedoch derzeit, das ist stark spürbar. Frauen haben starken Aufwind, denn gerade mit Vorbildern wie Angela Merkel, Hillary Clinton und Ségolèn Royal öffnet sich auf einmal eine Tür, die es vorher nicht gab. Frauen hatten bis dahin nur wenige Modelle für eine große Karriere. Der Mensch aber orientiert sich an Bildern. Visionen bestehen aus Bildern. Sie machen Dinge vorstellbar und erfahrbar. Sie motivieren und machen Ziele realistisch. Wann immer ich als Frau in den letzten Jahrzehnten die Zeitung aufschlagen habe, den Fernseher angemacht oder in meiner Firma an die Führungsspitze gesehen habe, haben da hauptsächlich Männer gesessen, geredet, entschieden. Mit wem hätte ich mich als Frau da identifizieren können? Und nicht jede Frau, die in ihrem Bereich hervorragend arbeitet, sah sich auch zugleich als Vorreiterin und Wegbereiterin. Durch weibliche Vorbilder werden Positionen in den Köpfen der Frauen vorstellbar, verändern sich innere Grenzen... Ich sehe beispielsweise, dass die Bundeskanzlerin vorangeht und die Männer laufen hinter ihr her. Das ist ein völlig neues Bild, eine leise Revolution in den Köpfen deutscher Frauen. Frau Clinton bewirbt sich als Präsidentin... mit Professionalität und Hartnäckigkeit wird auf einmal vieles möglich.

Hrsg: Ist Teamarbeit eine Frauenstärke?

ASR: Ja, mancher Frauen. Und mancher Männer.

Hrsg: Kann man daraus schließen, dass Männer ein anderes Coaching brauchen als Frauen?

ASR: Ich glaube, dass Männer vor allem auf der kommunikativen Ebene etwas anderes brauchen als Frauen. Wenn eine Frau zu mir kommt, dann kann es sein, dass sie ihren Mantel aufhängt und sagt: Frau Schirmer-Rusch mein Selbstbewusstsein ist am Boden, wir müssen arbeiten! Und das geschieht mit einer ausgesprochenen Selbstverständlichkeit. Bei Männern ist das anders. Zu diesem Punkt der Offenheit muss man erst einmal kommen, ein Mann muss sich erst einmal trauen, zuzugeben, dass er Angst vor einer konkreten Situation hat. Frauen fällt dieser Schritt leichter, sie können sagen: Mensch, ich muss da einen Vortrag halten und mir gucken da 800 Leute zu. Wenn ich nur daran denke, ich sag Ihnen...

Insofern ist das Coaching, für Männer und Frauen strukturell und inhaltlich gleich. Man schaut immer, was braucht jemand, wo steht jemand, welche Gedankenmuster hat jemand – nur die Art der Kommunikation ist eine andere.

Hrsg: Gibt es im Beruf unterschiedliche Erwartungshaltungen gegenüber Männern und Frauen?

ASR: Meine Erfahrung ist, dass Frauen nach wie vor in einer Beweislast sind. Wenn es um eine Spitzenposition geht – um eine wirtschaftlich attraktive Position, die mit Entscheidungskompetenz ausgestattet ist – muss eine Frau immer noch beweisen, dass sie fachlich mindestens so gut ist wie ein Mann, genauso kompetent agiert und sich durchsetzt.

Hrsg: Sind sich Frauen, die Coaching in Anspruch nehmen, dieser Beweislast bewusst? Wenn ja, wie gehen sie damit um, benötigen Frauen da noch „Hilfe"?

ASR: In Frauenbiographien ist nach meiner Beobachtung der Erfolgsweg meist so, dass die Frau qualifiziert ist und sich überdurchschnittlich interessiert und engagiert, für das, was sie tut. Sie geht dann immer einen Schritt weiter. Beim zweiten, dritten Job nach dem Studium sieht sie erstmals, dass ihr Chef einen Job macht, den sie auch kann, den sie sich zu-traut, und realisiert, dass der nächste hierarchische Schritt auch für sie möglich ist. Für diesen „Sprung", mental und real, nimmt Sie sich einen Coach, der insbesondere auch die Anfangszeit in der neuen Position be-gleitet.

Hrsg: Eine weibliche Karriere ergibt sich also eher zufällig, als dass man bewusst dar-auf hinarbeitet?

ASR: Ich kenne kein Beispiel für eine Frau, die eine Topposition mit 18 Jahren geplant hätte. Karriereplanung findet bei Frauen später statt als bei Männern. Vielmehr glaube ich, Frauen brauchen Schritt für Schritt in sich das solide Gefühl, eine Position ausfüllen zu können. Das eröffnet den Raum für Karriereideen. Diese Frauen, die sagen: „Gib mir erst mal den Job, den Rest sehen wir später!", die findet man sehr selten. Eine Frau braucht das Gefühl, dass sie das kann. Männer sagen eher erst einmal ja und alles andere kommt danach.

Hrsg: Würden sie sagen, dass es charakteristische Unterschiede zwischen Männern und Frauen gibt?

ASR: Ich glaube, dass Männer dazu neigen, sich schneller viel zuzutrauen. Dabei handelt es sich nach meiner Meinung um einen Erziehungsunter-schied. Ich glaube, dass Männer schon von klein auf durch ihre Mütter sehr bestärkt werden. Denn eine Mutter kann sich sehr schnell, sehr viel für ihren Sohn vorstellen. Und wenn der fünfjährige Sohn sagt „ich werde Pilot", dann sagt die Mutter nicht „dann wollen wir erst mal einen Augen-test machen", sondern sie sagt: „Mein Schatz, du wirst Pilot! ". Das Kind lernt: Wenn ich Pilot werden will, dann werde ich Pilot. Wenn nun ein Mädchen mit fünf dagegen sagt „ich werde Pilotin", dann sagt die Mutter eher Dinge wie „dann wollen wir erst mal schauen, ob du die Tests be-stehst… da musst Du kerngesund sein… da bist Du nie zuhause… da musst du aber sehr gut rechnen können… das ist ein gefährlicher Beruf… mach mal halblang… Du meinst wohl, dass…". Ein unglaublicher Unter-

22

schied. Dieses andere Feedback macht sich meines Erachtens auf der Identitätsebene bemerkbar. Ich glaube, dass Jungs eher probieren und formulieren dürfen, jemand zu sein und nicht so schnell Grenzen erfahren wie Mädchen. Einen großen Freiraum für Phantasien haben und darin ohne vorschnellen und frustrierenden Realitätscheck durch die Mutter auch noch bestärkt werden. Mit einem Mädchen dagegen gehen Mütter eher um, wie mit sich selbst. Meine Grenzen sind auch Deinen Grenzen. Ein Junge dagegen ist für eine Mutter ein anderes Wesen, für das auch andere Bedingungen gelten.

Hrsg: Wenn wir Sie richtig verstehen, dann ist es so, dass Jungs von vorn herein mehr zugetraut wird, während bei Mädchen schnell gezweifelt wird. Brauchen wir ein neues Frauenverständnis?

ASR: Ich glaube einfach, dass Frauen aufgrund dieser Erfahrungen sehr schnell einen sehr strengen Realitätscheck mit sich machen: Kann ich das inhaltlich? Komme ich mit den Mitarbeitern klar? Kann ich das verbinden mit Familie und Kindern? Kann ich das verbinden mit meiner Beziehung? Schaffe ich das gesundheitlich? Die Selbstverständlichkeit und das tiefe innere Vertrauen sind eben nicht so stark ausgeprägt. Es hat etwas von „ins kalte Wasser springen" und nachlernen. Dazu kommt, dass eine Frau sich tatsächlich viele Fragen stellt, die sich viele Männer derzeit noch gar nicht stellen. Zum Beispiel: Was bedeutet mein Job für die Kinder? Wenn ich als Mann eine Frau habe, die die Kinder managt und auch gut managt, habe ich ja wirklich freie Hand mir zu überlegen, möchte ich diesen Job inhaltlich annehmen, möchte ich diese Herausforderung annehmen. Es scheitert mit Sicherheit nicht daran, dass der Sohn um drei Uhr aus dem Kindergarten abgeholt werden muss. Das ist aber für Frauen oft ein Grund, eine Führungsposition abzulehnen, weil sie sich einfach in ganz anderen inneren Abwägungen befinden.

Hrsg: Wir stellen fest, dass ab einer bestimmten Führungsposition Frauen einfach nicht mehr zugreifen. Wir stellen auch fest, dass zahlreiche Frauen mit Mitte dreißig Hausfrau und Mutter sein wollen. Es stellt sich deshalb die Frage, spaltet sich unsere Frauenwelt? Haben wir jetzt die Hausfrau auf der einen und die Karrierefrau auf der anderen Seite?

ASR: In meinen Coachings sind immer wieder Frauen, die sich nach ungefähr zehnjähriger Beruftätigkeit – also meist Mitte 30 – in einem sehr gut bezahlten und interessanten Job befinden mit dem sie grundsätzlich zufrieden sind. Ein sehr gut bezahlter Job mit Mitarbeiterverantwortung bedeutet heute, arbeiten bis in den Abend hinein, wirtschaftlich bedeutsame Entscheidungen treffen, Wochenenden können durchaus Arbeitstage sein, oft reisende Tätigkeiten – örtlich und zeitlich also flexibel sein. Viele dieser Frauen leben Fernbeziehungen – gerne mit einem Mann, der ähnlich engagiert arbeitet, oder sind Singles.

Dass eine Frau, der Familie wichtig ist, Kinder möchte, halt ich erst einmal für das Normalste auf der Welt. Diese Frauen sehen sich also ihr Leben an und versuchen sich vorzustellen, wie in dieses Leben ein Säugling, Kleinkind oder größeres Kind hineinpassen soll. Sie bewegen sich zwischen zwei Ängsten: Ein Leben ohne Kind, dass sie nicht führen wollen, oder ein Leben mit Kind ohne Job, das sie nicht führen wollen. Und dann gibt es ja noch die Idee, „einfach alles zu verbinden" mit dem Zauberwort der Fremdbetreuung.

Und ich muss ganz ehrlich sagen: Ja, man kann alles verbinden. Man kann sein Kind fremdbetreuen lassen ab der ersten Minute, auf geliebte Kinder verzichten oder Kinder bekommen und im Vergleich zu vorher einen viel weniger interessanten Halbtagsjob annehmen. Aber das ist ein Weg mit vielen Entscheidungen und Konsequenzen. Ich finde, das erfordert eine mutige und individuelle Auseinandersetzung der Frau mit sich selbst und ihren jeweiligen Bedürfnissen und inneren Grenzen. Erstaunlich eigentlich, dass Männern diese Auseinandersetzung größtenteils auch 2008 noch völlig erspart bleiben darf.

Hrsg: Also bleibt nur der Weg Karriere oder Hausfrau?

ASR: Nein, das kann man auch kombinieren, aber es ist ein Einschnitt, den ein Mann mit 35 nicht macht. Das ist der Unterschied. Zwar glaube ich, dass insbesondere viel arbeitende Männer auch einen gesunden familiären Background brauchen. Nur bedeutet das für einen Mann etwas anderes. Ein Mann kann sich eine Frau suchen, die Kinder bekommt und die Familie zusammenhält. Das ist etwas anderes, als wenn Familie bedeutet, dass ich die Kinder kriege und betreue. An dem Punkt stellen sich ganz unterschiedliche Fragen. Für den Mann ist Familiengründung nicht automatisch ein Ausstieg oder Umstieg. Für viele Frauen schon.

Hrsg: Manchmal hat man den Eindruck, dass Frau sich nicht nur wegen Familie und Kindern gegen eine Karriere entscheidet, sondern auch, weil sie gerne „kuschelt" und nicht bereit ist, sich auch mal gegen Kollegen durchzusetzen.

ASR: Ich gehe mal so weit zu behaupten, dass sowohl Frauen als auch Männer gerne kuscheln…

Allerdings ist meiner Meinung nach die Lust am Erfolg und am Gewinnen ein wesentlicher Unterschied zwischen Männern und Frauen. Wenn Sie einer Gruppe 7-jähriger Jungs einen Ball zuwerfen, rennen zehn Jungs los und kämpfen um den Ball. Ein Junge lernt also: Damit ich den Ball wirklich haben kann, muss ich schneller sein und kann die anderen auch mal in die Hacken treten, das ist völlig in Ordnung. Gewinnen ist gut. Gewinnen ist das Ziel des Spiels. Das weiß auch jeder. Natürlich geht's da auch mal ruppig zu. Das versteht jeder. Mama und Papa und die Zuschauer auch. Was der Junge selbstverständlich lernt und worin er bestärkt wird, ist der Spaß am Kampf und die Lust am Gewinn. Außerdem lernt und trainiert er nebenbei, dass jeder mal gewinnt und jeder mal verliert. Kein Grund, das persönlich zu nehmen.

Jetzt schauen wir uns mal die Mädchen mit sieben an: Die meisten Mädchen basteln und malen ruhig vor sich hin. Typisch sind auch Puppenspiele. Jedes Mädchen hat eine Puppe in der Hand – eine eigene. Da gibt es eine Bürste, die in der Mitte liegt und Melanie fragt Anne: „Darf ich mal die Bürste haben?" Melanie antwortet: „Ja, du darfst die Bürste haben." „Danke!" Wenn Melanie zu Anna käme und ihr die Bürste aus der Hand reißen und sie mit dem Stuhl umwerfen würde, um als erste bei der Bürste zu sein, würde die Erzieherin sie tadeln: „Was tust Du da? Was fällt Dir ein? Was sagt man da?..."

Mütter, aber auch Erzieherinnen und Lehrerinnen sind auch heute noch geradezu entsetzt, wenn sie ihre Töchter/Mädchen aggressiv und kämpferisch erleben. Ich erinnere mich noch gut an eine Szene, in der ich meine 7-jährige Tochter stark reglementierte, weil sie einem Jungen ihr eigenes Fahrrad aus der Hand riss, mit dem er noch eine Runde fahren wollte – während sich direkt vor uns drei Jungen ohne sichtlichen Grund balgten und anspuckten – worüber wir außer „die sind heute wieder ganz schön wild" kein weiteres Wort verloren.

Letztlich bedeutet das nicht nur, das Mädchen gezwungen werden, ihre Aggressionen herunterzuschlucken (in späteren Jahren also durch Depressionen, Migräne,… zu kanalisieren), sondern auch einen gesunden Kampf nicht trainiert zu haben. Zudem entstehen im Verhältnis zu Jungen völlig konträre Vorstellungen über Gewinnen und Verlieren, aber auch über die legitimen Mittel und Methoden. Übertragen auf die Berufswelt bedeutet das: Eine Spitzenführungsposition will überhaupt erst mal ergattert sein. Sie haben immer Menschen neben sich, die diese Position ebenfalls haben wollen. Auch wenn man bereits eine Spitzenführungsposition inne hat, gibt es immer Menschen, die diesen Job gerne hätten. Damit müssen Frauen umgehen lernen. Sie müssen sagen „Ich will" und „Ich kann" und sie müssen den Mut haben, zu sagen: „Ich kann es besser als Du!" Für Frauen ist es oft schwer zu sagen: „ICH!" Und dann noch oben drauf zu setzten: „Ich kann es besser!" Wir sind auf Nichtverletzung getrimmt. Wir wollen niemanden zu nahe treten. In der Männerwelt sind Selbstpräsentation und Siegerwunsch ganz selbstverständlich.

Hrsg: Ist es beim Coaching von Frauen die wichtigste Aufgabe zu sagen: Du hast erkannt, dass du diese Position fachlich einnehmen kannst und jetzt musst du lernen zu sagen „ICH!" und „ICH WILL!".

ASR: Was eine Frau lernen sollte, die eine Spitzenführungsposition anstrebt, ist, nicht nur Kompetenz zu haben, sondern diese auch nach außen zu tragen, denn in einer Spitzenführungsposition ist das gewollt. Es ist gewollt, dass man öffentlich auftritt und sagt: „Das bin ich, das vertrete ich!", und das man auch mit Niederlagen umgeht, eine Schlappe nicht persönlich nimmt.

Bei (persönlichen) Angriffen steigen Frauen noch viel zu schnell aus. Sie sagen: „Das ist mir zu hart. So möchte ich nicht leben/arbeiten." Aber es ist im Prinzip nicht „hart" angegriffen zu werden. Es ist ein Versuch, eine taktische Möglichkeit, das Gegenüber zu verunsichern. Männer nehmen das sportlich, sie beleidigen sich bis aufs Messer und abends trinken sie ein Bier zusammen und sagen: „Müller, das war ja heute hart." Das tut der Beziehung überhaupt keinen Abbruch. Sie sehen sich auf dem Golfplatz wieder und dann sagen sie: „Aber pass auf, nächsten Dienstag, da schenk ich dir einen ein." Männer haben gelernt, auch mal zu verlieren und nehmen das sportlich, Frauen nehmen Dinge sehr schnell sehr persönlich. In einer Führungsposition muss man lernen, sich eine dickere Haut zuzulegen. Im Coaching lernt man, nicht so transparent zu sein und die eigene Gefühlslage selbst zu bestimmen. Sie sollte nicht von Dritten bestimmt werden, denn in einer exponierten Position bekommt man viel zu viel unterschiedliches – auch sehr unschönes – Feedback. Wenn man von Harmonie abhängig ist, wird man emotional zum Spielball der Außenwelt.

Hrsg: Kann man sagen, dass Macht- und Entscheidungspositionen eine Männerwelt sind?

ASR: Macht und Entscheidung? Ja, ich glaube, dass dies für wenige Frauen von Anfang an eine natürliche Welt ist. Es gibt wenige Frauen, die mit dem selben globalen Verständnis von sich und ihrem Können im Leben sagen: Das ist mein Ziel, das will ich erreichen, das werde ich erreichen. Das sind Ausnahmefrauen und ich glaube, andere müssen es nachlernen, solange solche Positionen noch stark von Männern besetzt sind.

Hrsg: Können sich Männer auch etwas von den Frauen abschauen?

ASR: Vieles bestimmt. Ich finde vor allem: Umsicht, Weitsicht, Flexibilität.

Hrsg: Es gibt ja immer wieder die Diskussion um die Quote. Wäre das sinnvoll?

ASR: Ich bin kein Fan von Quoten, aber natürlich ist es erst einmal besser als nichts. Es ist eine Möglichkeit und hat in der Vergangenheit Frauen die Möglichkeit eröffnet, Führungsaufgaben zu übernehmen. Ob das ein Mittel auf Dauer bleibt, wage ich zu bezweifeln. Aber ich glaube, Frauen werden Quotenregelungen in ein paar Jahren nicht mehr brauchen, denn sie haben eine Tendenz, Frauen nachzuziehen.

Hrsg: Männer werden in Zukunft verstärkt mit Frauen auf gleicher Augenhöhe oder vielleicht auch noch drüber konfrontiert werden, die ja andere Attribute mitbringen und andere Kommunikationsmuster haben. Sehen Sie, dass Männer dadurch verunsichert sind und in nennenswerter Form darauf reagieren?

ASR: Männer, die eine weibliche Führungskraft haben, sind nach meiner Erfahrung oft angenehm überrascht, dass es einfach gut klappt und es eine sehr solide und auch gerne mal atmosphärisch angenehmere Arbeitsweise ist. Ein Kuschelkurs ist dagegen in einer Spitzenführungsposition nicht angebracht. Was wirklich gut ankommt, sind Frauen, die fachlich etwas drauf haben und mit einer Grundentspanntheit an etwas herangehen, ohne dabei in eine Härte zu verfallen, weil sie meinen, dass das der Weg sei. Dann wird die Zusammenarbeit als angenehm, effektiv und gut empfunden. Das Frau-sein steht dann nicht mehr im Vordergrund.

Hrsg: Apropos Härte im Job: Haben sie das Gefühl, dass sich Frauen gelegentlich verlieren, weil sie versuchen, sich betont männlich zu geben?

ASR: Jeder Mensch, egal ob Mann oder Frau, egal in welcher Position, der versucht, jemand anderes zu sein, verliert sich, weil er nicht von seiner Stärke lebt, weil er nicht kongruent lebt. Wenn ich versuche, Dinge in mir zu unterdrücken, dann geht meine Kraft dahin. Ich finde nicht, dass man das generell über Frauen in Führungspositionen sagen kann.

Hrsg: Oft erlebt man, dass Frauen Hosenanzüge tragen und weniger Röcke und sich damit zurück nehmen. Ist das eine gute Strategie?

ASR: Eine Frau, die mit Doppel D und einem rosa Kostüm in eine Spitzenführungsverhandlung reingeht, weckt einfach eine Assoziation, die von den Inhalten weggeht. Ein solches Auftreten erinnert nicht an Business, sondern an ganz andere Dinge. Es löst eine eigene Dynamik aus und dann haben wir ein völlig anderes Spiel im Raum. Vielleicht um dies zu vermeiden, tragen Frau gerne Hosenanzüge. Man ist auch einfach freier in der Bewegung und es kann sehr klug sein, wenn man nicht darauf achten muss, ob das Röckchen hoch gerutscht ist.

Hrsg: Wir haben das Buch „Die Strippenzieherin" genannt, das ist natürlich provokant.

ASR: Das finde ich gut.

Hrsg: Wir stellen jedoch fest, dass viele Frauen diesen Begriff eher ablehnen. Woran liegt das? Ist das ein Charakteristikum der Frau?

ASR: Ich kann natürlich nur mutmaßen, woran das liegt. Darin liegt ja ein Bekenntnis zur Position: Ich bin eine Frau in einer Machtposition, von mir hängen Entscheidungen ab, ich verdiene überdurchschnittlich viel

Geld, ich habe überdurchschnittlich viel Mitarbeiterverantwortung. Woran liegt es, dass Frauen dies nicht gerne sagen? Das hat einmal etwas damit zu tun, das Frauen lange Zeit überhaupt nicht gelernt haben, so etwas zu sagen und somit solche Sätze schlicht nicht gesprochen haben. Meiner Erfahrung nach ist es so, dass Sätze selbstverständlicher werden, dadurch, dass man sie spricht. Einen Satz, den ich in meinem Leben 5000-mal gesprochen habe, der erzeugt bei mir ein anderes Gefühl und den kann ich auch in einer anderen Art und Weise sprechen, als einen Satz, den ich das erste Mal sage. Zudem ist eine Frau ist eine bewusste Dynamikerin und bedenkt bei einem Thema auch immer, was macht das mit dem Gegenüber? Könnte es ihn verletzen? Für einen Mann ist die Bekundung persönlicher Erfolge eher selbstverständlich. Wofür hat er sie denn? Und warum sollte er sie hinter vorgehaltener Hand flüstern?

Hrsg: Sehen Sie im internationalen Vergleich Unterschiede bei der Besetzung von Führungspositionen?

ASR: Ich arbeite mit Firmen zusammen, die international arbeiten. Aus meinem Beratungsbereich kenne ich Frauen, die beispielsweise drei Jahre in New York gearbeitet haben und nun in einer deutschen Firma arbeiten. Sie haben den unmittelbaren Vergleich. Gerade in den USA wird in den Spitzenpositionen hart gearbeitet und einem wirklich alles abverlangt. Aber es geht insgesamt sehr viel familiärer und teamorientierter zu als in der deutschen Unternehmensstruktur. Auch das Frau/Mann-Thema wird entspannter gesehen.

Hrsg: Zum Abschluss bitten wir Sie noch um eine Prognose.

ASR: Ich finde, wir Frauen sollten lernen, uns selbst und unseren Töchtern auch große Ideen und Visionen zuzugestehen. Etwas wollen dürfen und etwas ablehnen dürfen, scheinbar feste Grenzen mutig zu hinterfragen und sich ein eigenes Bild von Situationen zu erlauben – gegebenenfalls gegen die Ideen eines anderen Menschen zu handeln, das ist neben einer soliden Ausbildung meine liebste Zukunftsvision. Unter den heutigen Nachwuchskräften finden sich so viele talentierte Frauen, die sich entfalten werden. Männer und Frauen werden gut zusammenarbeiten. Meiner Erfahrung nach sind Männer dafür auch bereit, mittlerweile auch eher bereit als vor zehn Jahren, so dass es in Zukunft nicht mehr um Männer und Frauen gehen wird, sondern um gemeinsames Arbeiten.

Cluster 1
Wissenschaftliche Politikberatung

Politik ist schon immer beraten worden. Die wissenschaftliche Beratung im heutigen Sinne allerdings ist auf den Beginn des 19. Jahrhunderts zu datieren als die Aufgaben von Regierung und Verwaltung vielfältiger wurden und wissenschaftliche Erkenntnisse bisher ungeahnte Horizonte eröffneten.[5] Seit den späten 90er Jahren erfreut sich die Politikberatung in der Öffentlichkeit und folglich auch in den Medien eines immer größeren Interesses. Ob es an der wachsenden Zahl der Sachverständigenkommissionen liegt, die die bundesdeutsche Politik einrichtet[6], um sich beraten zu lassen, den zahlreichen von den Medien zu jedem Thema befragten Experten oder tatsächlich an den heute immer komplexer werdenden Sachverhalten in der Politik, ist wohl nicht wirklich auszumachen.

Die deutsche wissenschaftliche Politikberatungsszene ist seit Jahren aber relativ übersichtlich und auch konstant. In der wirtschaftspolitischen Beratung nehmen sechs öffentlich finanzierte, anwendungsorientierte wirtschaftswissenschaftliche Forschungsinstitute[7] die Rolle wahr: das Deutsche Institut für Wirtschaftsforschung (DIW, Berlin), das Institut für Weltwirtschaft (IfW, Kiel), das Rheinisch-Westfälisches Institut für Wirtschaftsforschung (RWI, Essen), das Zentrum für europäische Wirtschafts-

---

[5] Vgl. historischen Abriss der wissenschaftlichen Politikberatung in Krevert, Peter, Funktionswandel der wissenschaftlichen Politikberatung in der Bundesrepublik Deutschland. Entwicklungslinien, Probleme und Perspektiven im Kooperationsfeld von Politik, Wissenschaft und Öffentlichkeit, Münster/Hamburg 1993, S. 19ff.

[6] Hartz-, Rürup-Kommission, etc.

[7] Einzige Ausnahme in der Konstanz der deutschen Wirtschaftsforschungsinstituts-Landschaft ist das Wirtschaftsinstitut in Hamburg, dem durch den Wissenschaftsrat auf Empfehlung der Leibniz-Gemeinschaft seit Anfang 2007 die öffentliche Förderung gestrichen wurde.

forschung (ZEW, Mannheim), das Institut für Wirtschaftsforschung (Ifo, München) und das fast gleichnamige Institut für Wirtschaftsforschung Halle (IWH, Halle).

Daneben existieren andere fachspezifische Institute wie die anerkannte Deutsche Gesellschaft für Auswärtige Politik (DGAP, Berlin), die Stiftung Wissenschaft und Politik (SWP, Berlin) oder das etablierte Centrum für angewandte Politikforschung (CAP, München).

Alle genannten Institutionen werden oftmals unter dem allgemeinen Begriff der Think Tanks zusammengefasst. Der Begriff des Think Tanks stammt aus dem anglo-amerikanischen Raum:

"a research institute or organization employed to solve complex problems or predict or plan future developments, in military, political, or social areas."[8]

Bei den oben genannten handelt es sich um den Typus der „Universitäten ohne Studenten"[9]: Die öffentlich geförderten Institutionen haben eine stark akademische Ausrichtung und verbreiten ihre Ideen zumeist in Form von Monographien bzw. Fachaufsätzen. Sie verfügen oft über direkte Einflusskanäle, um Politiker zu beraten und werden von diesen auch genutzt. Neben der Politik ist die Fachwelt die wichtigste Zielgruppe. Die Medien spielen als Adressat hingegen keine besonders wichtige Rolle.

Die Definition der Think Tanks, also der Denkfabriken, trifft auch auf die parteinahen Stiftungen in Deutschland zu. In ihrer Unabhängigkeit sind sie vielleicht nicht mit den bisher genannten Institutionen vergleichbar,

---

[8] Webster's Encyclopedic Unabridged Dictionary of the English Language, New York/Toronto/London/Sydney/Auckland 1996.

[9] Die beidne hier genannten Typen von Think Tanks basieren auf der allgemein gebräuchlichen (hier jedoch vereinfacht gebrauchten) Typologie (vgl. etwa McGann, Weaver: Think Tanks 2000, S. 6-9).

tragen aber ebenso zum politischen Diskurs und auch zur wissenschaftlichen Beratung der Politik bei.

Im Gegensatz zu den oben schon beschriebenen „Universitäten ohne Studenten" werden die parteinahen Denkfabriken oftmals als „Advocacy tanks" oder als advokatische Think Tanks bezeichnet. Sie versuchen verstärkt Einfluss auf den politischen Prozess zu nehmen. Eine bestimmte Ideologie vertretend, versuchen sie durch Beratung politische Prozesse zu beeinflussen, und platzieren ihre Ideen durch intensives Marketing und Öffentlichkeitsarbeit in der politischen Diskussion.

Jede der großen demokratischen Parteien in Deutschland verfügt über eine solche Einrichtung:

- Die Konrad-Adenauer-Stiftung, die der CDU nahe steht, beschäftigt 560 Mitarbeiter im Inland. Mit 80 Mitarbeitern im Ausland betreut sie Projekte in insgesamt 120 Ländern. Sie ist damit die größte einer Partei nahe stehende Stiftung.

- Die Friedrich-Ebert-Stiftung (SPD-nah) verfügt über 566 Mitarbeiter, wovon 88 im Ausland tätig sind. Die FES ist in rund 100 Ländern präsent.

- Die Hanns-Seidel-Stiftung, die der CSU nahe steht, verfügt über 242 Mitarbeiter im Inland und ist mit 34 Angestellten im Ausland aktiv.

- Die Friedrich-Naumann Stiftung für die Freiheit (FDP-nah) ist in über 50 Ländern vertreten und mit 139 Mitarbeitern im Inland tätig. Im Ausland hat sie 26 Angestellte und 180 Ortskräfte.

- Die grüne Heinrich-Böll-Stiftung mit Sitz auf der Oranienburger Straße in Berlins Mitte verfügt über 211 Mitarbeiter im Inland und ist mit 22 Auslandsmitarbeitern in 60 Ländern aktiv.

- Die Rosa-Luxemburg-Stiftung, der Partei „DIE LINKE" zuzuordnen, ist von der Mitarbeiterzahl mit 56 im In- und 5 Mitarbeitern im Ausland die kleinste der politischen Stiftungen.

Sowohl die Stiftungen als auch die verschiedensten Institute forschen auf speziellen Gebieten und publizieren ihre Ergebnisse. Aber diese werden nicht nur in der wissenschaftlichen Community zur Kenntnis genommen und diskutiert, sondern auch in die Politik getragen.

Im Portrait Dr. Melanie Piepenschneider
Leiterin der Akademie der
Konrad-Adenauer-Stiftung, Berlin

Das Gesicht der Konrad-Adenauer-Stiftung in Berlin ist Dr. Melanie Piepenschneider. Auf dem politischen Parkett der Hauptstadt fühlt sich die sympathische Repräsentantin der Berliner Zweigstelle sichtlich wohl und besticht als Gastgeberin immer wieder durch ihre Offenheit und ihre engagierte Diplomatie. In einer von Männern dominierten Welt wie dem politischen Berlin sind diese Eigenschaften ausschlaggebend, wenn man Ziele durchsetzen möchte. Und so weiß inzwischen auch jeder, der einmal mit ihr gesprochen hat: Diese Frau bewegt etwas in Berlin. Manchmal sind es eher belanglose Dinge wie die Organisation von Veranstaltungsräumen, obwohl eigentlich schon alle belegt sind. Meist geht es aber um Positionen und Inhalte, die entschieden und vorbereitet werden müssen. Immer packt die resolute Hausherrin der Konrad-Adenauer-Stiftung die ihr gestellten Aufgaben mit Elan an und spricht mit den verschiedenen Seiten, um Lösungen zu finden, die alle Beteiligten mittragen können.

Mit ihrer Arbeit für die CDU-nahe Stiftung kann man sie sicher zum konservativen Lager zählen, doch niemand sollte diese politische Einstellung mit einem Mangel an Offenheit verwechseln. Gerade in kontroversen Diskussionen kann man beobachten, dass Melanie Piepenschneider ein ordentlicher Schlagabtausch, bei dem sie auch einstecken kann, besonderes Vergnügen bereitet. Dabei vertritt sie couragiert ihren Standpunkt, verschließt sich aber auch neuen Argumenten nicht. Und so scheint es nicht übertrieben, wenn sie über sich selbst sagt, dass das Interesse an Neuem einer ihrer prägenden Charakterzüge sei.

Der ungeplante Weg zu einer interessanten Tätigkeit

Heute übe ich eine Tätigkeit aus, die ich nicht angestrebt habe - denn ich wusste zu Beginn meiner Ausbildung überhaupt nicht, dass es eine solche berufliche Aufgabe gibt. Der Weg dort hin war gepflastert mit Anstrengungen, durchgearbeiteten Nächten, Erfolgen sowie der einen oder anderen Niederlage und wachsenden Erkenntnissen über mich selbst und die Spielregeln für Frauen in der Berufswelt.

Ausgangslage

Aufgewachsen bin ich in einer bildungsbürgerlich geprägten Familie, die das protestantische Arbeitsethos hochhielt. Beide Eltern teilten die Erfahrungen der Kriegs- und Nachkriegszeit. Wert wurde auf Leistung und Anstrengung gelegt, vermittelt wurde das Streben nach Emanzipation, Selbstständigkeit, Kritikfähigkeit und geistige Unabhängigkeit. Der Weg dorthin war nicht ohne Widersprüche. Meine Generation, die Generation der heute Mitte Vierzigjährigen, ist aufgewachsen in einer gesellschaftlichen Umbruchzeit. Es war die Zeit, als die ersten Anzeichen sichtbar wurden, dass die wirtschaftliche Entwicklung nicht immer nur linear bergauf gehen wird;[10] es war die Zeit neuer politischer Bewegungen;[11] es war die Zeit, als der deutsche Terrorismus den Staat vor eine Zerreißprobe stellte; es war die Zeit, in der die 68er Generation langsam gesellschaftliche Schlüsselpositionen erklomm; es war die Zeit, in der die Zeitschrift Emma und ihre Gründerin für Gesprächsstoff und einen neuen Blick auf das Thema Frau

---

[10] Siehe z.B.: Die Grenzen des Wachstums. Bericht des Club of Rome zur Lage der Menschheit von Dennis L. Meadows u.a., DVA, 1972

[11] Z.B. Gründung der Grünen als Bundespartei am 12./13. Januar 1980.

sorgten bis hin zum Tabubruch;[12] es war die Zeit, in der Familie noch als ein Verbund funktionierte und in der Kinder folgsam gegenüber den Eltern sein sollten; es war die Zeit des Aufbruchs in eine neue partnerschaftliche Welt, die ihre Grenzen allerdings häufig in der Realität fand; es war die Zeit, in der jeder Zentimeter Freiraum gegenüber den Eltern erkämpft werden musste, die eigentlich Freiheit für ihre Kinder wollten, aber unsicher waren, wie ihre Kinder diese Freiheit nutzen würden.

Das Erwachsenwerden in den siebziger und Anfang der achtziger Jahre war geprägt von Widersprüchlichkeiten, Kämpfen und gleichzeitig immer größerer Freiheit – diese wurde erst möglich durch einigermaßen gesicherte materielle Verhältnisse.[13]

Die Wahl des Berufes der Kinder sollte v.a. dokumentieren, dass der Leitspruch: „Du sollst es mal besser haben als wir" in einem möglichst höheren Schul- oder Berufsabschluss oder vermeintlich höheren Status des ergriffenen Berufes als derjenige der Eltern zum Ausdruck kam.

Die Suche nach Erkenntnis über die Stärken und Schwächen, nach Vorlieben und Abneigungen führte für viele entweder zur Konfrontation mit dem Elternhaus oder – bei den etwas Konservativeren – zu einem langwierigen Prozess der Abnabelung und Selbstfindung. Diesen zweiten Weg bin ich gegangen.

---

[12] Die erste Ausgabe der Zeitschrift EMMA erschien am 26. Januar 1977.

[13] Das Buch: Florian Illies, Generation Golf. Eine Inspektion, 2001, trifft nicht ganz die Erfahrungswelt meiner Generation. Das in diesem Buch beschriebene Lebensgefühl setzt gut 10 Jahre später an.

Entwicklungsschritte

1. Schritt: Emanzipation vom Elternhaus

Nach dem Abitur stand dem Studium nichts mehr im Wege. Die Wahl des Studienfaches Politikwissenschaft erfolgte nach Neigung und nicht nach Karriereaussichten – der Studienort allerdings warf Probleme auf. Er durfte nicht zu nah am elterlichen Haus (so mein Wunsch), aber auch nicht zu weit (so der Wunsch meiner Eltern) entfernt sein. Der durch Hilfsjobs selbst finanzierte Führerschein und das kleine Auto wurden von den Eltern akzeptiert, weil damit die wöchentliche Heimfahrt gesichert schien. Trotzdem gelang es nach einer Zeit von mehreren Semestern die Frequenz der Heimfahrten deutlich abzusenken und neben dem Studium hilfswissenschaftliche Arbeiten am Institut anzunehmen, Praktika zu machen und in verschiedenen beruflichen Feldern Erfahrungen zu sammeln.

2. Schritt: Lernen und Profil schärfen

Der durch die Abnabelung vom Elternhaus neu gewonnene Freiheitsraum wurde durch die Arbeiten an der Universität Mainz sehr schnell ausgefüllt. Der Professor baute seinen Lehrstuhl auf und aus und brauchte tüchtige und zupackende Mitarbeiter. Ich war dankbar, in dem neuen Umfeld jemanden zu haben, der mich forderte und förderte, der mir viele Chancen zur Erprobung der vorhandenen und zum Erlernen neuer Fähigkeiten bot.

Die Arbeit am Institut der Universität begann mit einem Aushilfsjob als Sekretärin und endete als Lehrstuhlassistentin mit Verantwortung für eine Forschungsgruppe und Koordinierung von fast 50 Mitarbeitern. In dieser Zeit habe ich jenseits des Studienfachwissens viel gelernt: Veröffentlichungen schreiben und redigieren, Vorträge halten, Konferenzen und Exkursionen organisieren, Drittmittelprojekte konzipieren und durchführen, Projektmittel verwalten, Medienarbeit planen, Erfahrungen in der Mitarbeiterführung sammeln, Arbeitsabläufe in einer personell und inhaltlich wachsenden Organisation entwickeln, Kontakte aufbauen und pflegen – und das alles neben Studium und Promotion. Darüber hinaus schrieb ich noch Artikel für die Regionalpresse und arbeitete regelmäßig für einen lokalen Hörfunksender. Eine spannende, sehr arbeitsreiche Zeit. Nach zehn Jahren am Institut und abgeschlossener Promotion schien es mir logisch, eine neue Herausforderung anzupacken. Sie bot sich durch ein Angebot der Konrad-Adenauer-Stiftung.

3. Schritt: Emanzipation vom Nachwuchsdasein

In der Konrad-Adenauer-Stiftung war meine erste Aufgabe, eine Abteilung neu aufzubauen: personell und inhaltlich. Vieles von dem, was ich am Institut in Mainz gelernt hatte, konnte ich anwenden. Ich fand mich in einer stark hierarchisierten Struktur wieder – dies wiederum war eine neue Erfahrung. Zudem war ich mit Ende Zwanzig die Jüngste in der Position – meist wurde ich von den Chefs als Nachwuchskraft bezeichnet – auch noch nach Jahren und abgeschlossener Aufbauarbeit. Ein Schlüsselerlebnis dieser Zeit war die Bemerkung eines Vorgesetzten: Er wies mich darauf hin, dass ich aktiv meinen Hut in den Ring werfen müsse, wenn ich eine andere interessante Position in der Stiftung anstrebe. Mir wurde klar, gute Arbeit führt nicht automatisch dazu, sich für höhere Aufgaben qualifiziert zu zeigen, man muss schon selbst aktiv Interesse bekunden. Als sich die Möglichkeit ergab, bewarb ich mich um eine Position als Hauptabteilungsleiterin – bekam die Stelle und wurde nach Berlin versetzt. Danach ordnete mich niemand mehr der Kategorie „Nachwuchs" zu.

4. Schritt: Emanzipation von den Erwartungen anderer

Frauen verfügen über eine größere soziale Kompetenz, sind fleißige Bienchen und mucken nicht auf, wie hart es im Job auch kommen mag – so oder so ähnlich stellt sich manch einer die ideale Mitarbeiterin vor. Das einzige Rezept kann hier nur sein – die Erwartungen anderer nicht zu erfüllen, sondern man selbst zu bleiben. Um die Sicherheit für den eigenen Weg zu bekommen, sollte man Chancen zu Weiterbildungen v.a. auch

Führungstrainings und Coachings wahrnehmen. Man sollte sie, wenn nötig sogar einfordern. Nur so kann man seine Fähigkeiten weiterentwickeln, seine Stärken stärken und Defizite abbauen.

5. Schritt: Aufbau von Netzwerken und Erfahrungen sammeln

Wenn man diese Schritte bewältigt hat – nicht nur praktisch, sondern auch mental –, dann ist es Zeit, das wertschätzen zu lernen, was einem nebenbei außerdem im Laufe der Zeit zugewachsen ist: Erfahrung und Kontakte. Das Besitzen dieser beiden „Schätze" alleine reicht aber nicht, man muss sie auch einzusetzen wissen. Kontakte sind dazu da, sie wenn nötig zu bespielen und zu nutzen und nicht nur die Visitenkartenkästen zu füllen. Frauen tun sich etwas schwerer, von ihren Kontakten etwas zu „verlangen". Dabei sollten sie es tun, denn meist trifft man dabei auf äußerst hilfsbereite Personen.

Genauso ist es mit den Erfahrungen: Damit darf man nicht hinterm Berg halten. Man muss es an entsprechender Stelle zur Sprache bringen, wenn man sich etwas zutraut. Skrupel wie „Kann ich das überhaupt? Wird mir die höhere Position überhaupt Spaß machen?" sind nicht angebracht, wenn man eine Führungsposition anstrebt – auch dies übrigens ein Rat eines meiner Vorgesetzten.

6. Schritt: Sich in Geduld üben, aber die Chance erkennen

Auch wenn man das alles beherzigt, was ich hier aus meiner eigenen Erfahrung niedergeschrieben habe, kann man nicht alles Schritt für Schritt planen – wie nach einer Blaupause. In heutiger Zeit ist es weniger denn je möglich, Karrieren zu planen – wenigstens in dem Tätigkeitsfeld zwischen Politik, Beratung und Organisation.

Man muss lernen, sich in Geduld zu üben und die passende Situation abzuwarten. Wenn sich eine Chance auf Veränderung zeigt, muss man allerdings auch bereit sein, sie zu ergreifen. In jedem Berufsleben gibt es Situationen, in denen man unzufrieden ist, Stillstand oder quälende Zähigkeit empfindet – dies sind Zeiten, die man nutzen sollte, um die eine oder andere Fähigkeit neu zu erwerben oder aufzupolieren.

Fazit

1. Leidenschaft für das, was man tut

Schaue ich zurück, dann ist das wichtigste Erbe meiner Eltern, in mir die Leidenschaft für etwas entfacht zu haben – die Leidenschaft, die dafür sorgt, dass man bereit ist, mehr zu tun als das übliche Maß. Manchmal übertreibt man dabei auch und ist sich für keine Tätigkeit zu schade – aber besser sich ausprobieren als immer gleich in Abwehrstellung zu gehen. Sich ein Projekt zu Eigen machen, sein Bestes dafür zu geben – aber auch Loslassen können, wenn Entscheidungen auf anderen Ebenen dagegen ausfallen. Diese Leidenschaft wird bei Frauen leicht zu Ausbeutertum – auch davor sei gewarnt. Hier die richtige Balance zu finden, ist die Kunst.

2. Kenntnisse und Erfahrungen sammeln

Das, was wir in der Ausbildung gelernt haben, reicht heute nicht mehr, um eine Tätigkeit auszufüllen. Darüber hinaus sind die Fähigkeiten, um einen Job zu bekommen, nicht unbedingt die gleichen, die man benötigt, um diesen dann erfolgreich durchzuführen. Flexibilität, Bereitschaft zum stetigen Lernen und ein bisschen gezielt eingesetzte Schauspielkunst können Wunder wirken.

3. Geld ist nicht alles, aber auf gleiche Bezahlung wie die männlichen Kollegen sollte man achten

Für mich war nie ausschlaggebend, wie viel ich in der jeweiligen Position verdiente. Im Vordergrund stand, ob die Arbeit für mich sinnhaft und befriedigend war, beziehungsweise ob ich neue Erfahrungen und Kenntnisse sammeln konnte. Trotzdem sollte frau darauf achten, dass sie adäquat der Männer in vergleichbarer Position bezahlt wird. Dies ist leider selbst in heutiger Zeit keine Selbstverständlichkeit – ist aber für die be-

43

triebsinterne Positionierung und das Ernstgenommenwerden von großer Wichtigkeit.

4. Macht haben, macht nichts

Frauen haben Macht, sie sind sich dieser aber nicht immer bewusst. Macht erwächst auf der einen Seite durch gute Arbeit; wer wahrnehmbar gute Arbeit leistet, ist nicht so leicht intern angreifbar. Macht erwächst auf der anderen Seite durch das gezielte Pflegen von Verbindungen in Gremien und Organisationen, die für den Arbeitgeber wichtig sind. Frauen scheuen sich nur meist, diese Kontakte zu ihrem Vorteil zu bespielen. Meist reicht schon Namedropping – die männliche Zunft beherrscht dieses Gesellschaftsspiel bei weitem besser als Frauen.

5. Nicht alles zu ernst nehmen und trotzdem ernst genommen werden

Gerade wenn man als Frau in einer beruflichen Position in der Minderheit ist und nur männliche Vorgesetzte hat, darf man den Humor nicht verlieren. Man muss lernen, spielerisch an die Tätigkeit heranzugehen. Wenn man mal Misserfolge einstecken muss oder es nicht so vorangeht, wie man gerne will – dann darf man sich darin nicht verbeißen, sondern muss auf die nächste Chance oder Herausforderung warten. Gerade weil Frauen meist doppelt so gut und fleißig sein müssen, um da anzukommen, wo sie hinwollen, tun sie sich mit dieser spielerischen Herangehensweise schwer. Auch ein begründetes „Nein" zu noch mehr Arbeit kann sehr hilfreich sein. Ernst genommen wird man um so eher, wenn man – wohlgemerkt: begründet – darlegt, warum ein neuer Auftrag nicht auch noch übernommen werden kann. Dies zeugt nämlich von Übersicht und Prioritätensetzung sowie der Fähigkeit zur realistischen Einschätzung von Arbeitsabläufen und der Verfügbarkeit von Ressourcen.

6. Strategische Projekte sind wichtiger als Fleißkärtchen

Auch sollte man sich nicht verzetteln: Manchmal ist es wichtiger, sich die Zeit zu nehmen über neue, strategische Projekte für den Arbeitgeber nachzudenken oder daran mitzuwirken, als jeden noch so kleinen Einzelvorgang mit Akribie abgearbeitet zu haben. Alleine mit Fleißkärtchen wurden noch nie Karrieren begründet.

7. Stärken als Stärken begreifen

Frauen sind multitasking-fähig, effizient und kommunikativ – dies mag zutreffen oder nicht. Aber auf jedem Fall sollten Frauen ihre spezifischen Stärken als solche erkennen, annehmen und ausbauen. Es ist nicht einfach, dies in einem männlich geprägten Umfeld durchzuhalten, weil natürlich auch Männer ihre Stärken haben. Manchmal kann es zu Irritationen kommen; diese aushalten zu lernen, stärkt wiederum.

8. Neugier und Offenheit nicht verlieren

Bei aller Alltagsbelastung am Arbeitsplatz darf man die Neugier auf Neues und Unerwartetes nicht verlieren. Das Verlassen eingetretener Wege, neue Aufgaben, neue Ideen, neue Herangehensweisen, neue Themen machen die Arbeit spannend und vermeiden die Erstarrung in Routine. Offen sein gegenüber Mitarbeitern, aber auch konstruktive Kritik von Vorgesetzen oder Kollegen kann neue Einsichten vermitteln und neue Türen aufstoßen. Aber dabei muss man ehrlich zu sich selbst sein: Wie viel Karriere will man wirklich machen? Wie viel Verantwortung ist man bereit zu übernehmen? Wie viel Gestaltungsfreiheit kann man füllen? Will man in der ersten Reihe stehen oder lieber hinter den Kulissen die Strippen ziehen?

9. Netzwerke unter Frauen aufbauen und pflegen

Nutzen Sie ihre Kontakte, um Frauennetzwerke aufzubauen – nicht nur im Betrieb, sondern auch außerhalb. Es ist gerade in schwierigen beruflichen Zeiten nichts so wichtig, wie die mentale Unterstützung durch Frauen. Die gegenseitige Vergewisserung hilft über so manche Unbill hinweg und schützt davor, zynisch zu werden. Leider ist die Solidarität unter den wenigen Frauen, die Führungspositionen in einem Betrieb innehaben, meist schwach ausgeprägt.

10. Dort Veränderungen erwirken, wo man selbst Einfluss hat

Veränderungen kann man am besten an den Stellen durchsetzen, an denen man als Führungskraft selbst Einfluss hat. Hierfür gilt es den Blick immer wieder zu schärfen: bei der Personalführung, bei der Kultur des Umgangs miteinander, bei der Mitarbeit bei strategischen Projekten, beim eigenen Verhalten im beruflichen Kontext. Wenn wir Frauen immer wieder beklagen, dass es wenige weibliche Vorbilder gibt, dann müssen wir bei uns selbst anfangen – Vorbild sein und versuchen, andere Frauen mit auf den Weg zu nehmen.

Dieses Fazit spiegelt die im Laufe von zwanzig Jahren des eigenen beruflichen Weges gewonnenen Erfahrungen wieder und ist sicher nur in Teilen verallgemeinerbar. Da aber weibliche Vorbilder in Führungspositionen rein zahlenmäßig in der Minderheit sind, kann das eigene Beispiel vielleicht doch den einen oder anderen Ratschlag beinhalten. Mein beruflicher Weg war ein ungeplanter; er setzte sich zusammen aus Lernen, Fleiß, Selbstreflektion, Glück und Offenheit; er hat mir bisher ein hohes Maß an Zufriedenheit, Spaß und Erfüllung gebracht. Mit Mitte Vierzig stehe ich noch längst nicht am Schlusspunkt – ich bin gespannt, was die Zukunft bringt und was ich dazu beitragen kann.

Im Portrait   Prof. Dr. Claudia Kemfert
Abteilungsleiterin am
Deutschen Institut für Wirtschaftsforschung Berlin,
Professorin für Volkswirtschaftslehre an der
Humboldt Universität Berlin

Bei der derzeitigen Debatte um die Klimapolitik kommt man an ihr nicht vorbei. Die junge Frau mit dem sympathischen Äußeren begegnet einem in zahlreichen Medien und lockert mit ihren O-Tönen jeden Nachrichtenbeitrag und jede Expertenrunde auf. Ihre Statements zur Energie- und Umweltpolitik sind klar und verständlich. Vergeblich wartet man auf Expertenkauderwelsch. Verlässt Claudia Kemfert eine Veranstaltung, so schwingt sie sich ihren Laptop-Rucksack um, greift ihre große Tasche mit den Unterlagen und ruft kurz „Tschüss, ich muss weg". Meist entschwindet sie ohne viel Trara.

Claudia Kemfert leitet seit April 2004 die Abteilung »Energie, Verkehr, Umwelt« am Deutschen Institut für Wirtschaftsforschung (DIW Berlin) und lehrt an der Humboldt-Universität Berlin Umweltökonomie. Die studierte Wirtschaftswissenschaftlerin war die erste Juniorprofessorin Deutschlands, die auf eine ordentliche Professur berufen wurde. Sie leitet diverse Projekte über die Untersuchung der energie- und umweltpolitischen Politikstrategien und ist in zahlreichen Netzwerken tätig. Ihre Karriere ist so schwindelerregend wie steil: kürzlich wurde sie in die 'High Level Group on Energy' der EU-Kommission berufen. EU-Kommissionspräsident Manual Barroso konnte für diese Gruppe Europas ausgewiesene Experten im Bereich des Energie- und Klimaschutzes gewinnen. Die Spitzenforscher sollen eine wegweisende Strategie einer einheitlichen EU Energie- und Klimaschutzpolitik erarbeiten. Mit zehn weiteren Spitzenforscherinnen und -forschern aus Europäischen Ländern soll Claudia Kemfert den EU-Präsidenten künftig beraten – und zählt damit zu der Crème de la Crème der Energieforscher in Europa. Eine hohe Auszeichnung, die man sich nicht unbedingt durch nettes Aussehen und der Zugehörigkeit zum weiblichen Geschlecht verdient.

Beruf als Berufung: Das ist mein Ding!

Seit knapp vier Jahren leite ich die Abteilung Energie, Verkehr und Umwelt am Deutschen Institut für Wirtschaftsforschung (DIW) in Berlin und bin gleichzeitig Professorin an der wirtschaftswissenschaftlichen Fakultät der Humboldt Universität. Ich war die erste Juniorprofessorin in Deutschland, die auf eine ordentliche Professur berufen wurde. Eigentlich habe ich drei Jobs: Wissenschaftlerin, Managerin und (Hochschul-)Lehrerin. Meine Forschungsschwerpunkte konzentrieren sich auf die volkswirtschaftliche Bewertung von Energie- und Umweltpolitik. Dazu entwickle ich quantitative Modelle, anhand derer sich mittel- bis langfristige wirtschaftliche Auswirkungen von Energie- und Klimapolitik bewerten lassen. So habe ich im Rahmen meiner Dissertation die volkswirtschaftlichen Effekte einer Klimaschutzpolitik in Deutschland durch die Einführung einer Ökosteuer und eines Emissionsrechtehandels quantitativ untersucht, indem ich verschiedene Computermodelle entwickelt bzw. angewendet habe, um somit Aussagen über die Entwicklung von Beschäftigung und Wohlfahrt in Deutschland machen zu können. Bis heute habe ich unterschiedlichste computerunterstützte quantitative Modelle entwickelt, welche zur Simulation und Bewertung von Klimaschutzpolitiken oder energiepolitischen Strategien eingesetzt werden können. Zu den Themen Energiewirtschaft und Umweltökonomie halte ich Vorlesungen und Seminare. Den Hauptteil meiner Arbeitszeit verbringe ich am DIW Berlin: Die Abteilung Energie, Verkehr und Umwelt ist mit 23 Mitarbeitern eine der größten am DIW. Der überwiegende Teil meiner Arbeitszeit ist für Management- und Forschungsaufgaben am DIW vorgesehen, gefolgt von Forschungsarbeiten, wie die Leitung diverser Forschungsprojekte und die Erstellung von Zeitschriften- und Buchartikeln ausgefüllt. Rund zwanzig Prozent meiner Tätigkeit ist der Lehre an der Humboldt Universität gewidmet. Dort besuchen durchschnittlich 50 Studenten meine Vorlesung, außerdem gehört die Betreuung von Diplom-/Masterarbeiten und zahlreicher Dissertationen hier zu meinen Aufgaben. Da die Themenkomplexe Energie, wozu Strompreise, Atomausstieg oder Energiesicherheit zählen, und Umwelt, wie Klimawandel, eine immer größere Rolle in der Berichterstattung der Medien einnehmen, bringt es meine politikberatende Tätigkeit am DIW Berlin mit sich, dass der Stellenwert der Medienarbeit stetig steigt. Anfragen für Interviews für Printmedien, Hörfunk oder Fernsehen treffen nahezu täglich ein.

Neue Aufgaben und Herausforderungen

Zugegeben: Ich arbeite viel. Neben dem Management und der eigenen Lehre und Forschung pflege ich auch nationale und internationale Netzwerke, indem ich regelmäßig an internationalen Treffen zum Forschungsaustausch oder an Podiumsdiskussionen teilnehme und zahlreiche Vorträge auf Konferenzen halte. Allein im Jahr 2007 waren dies über 60 Termine, die Zahl der Interviews in Hörfunk und Fernsehen ist sicher ähnlich hoch. Dabei macht mir insbesondere auch die Medienarbeit, wie beispielsweise ein Streitgespräch in der ARD bei Anne Will oder im ZDF in der Live Sendung „Berlin Mitte" unter der Leitung von Maybrit Illner wirklich viel Spaß.

Meine Motivation für diesen immensen Zeiteinsatz ist vielseitig: Ich möchte Dinge bewegen, Menschen informieren und über wichtige politische Entscheidungen diskutieren. Gleichzeitig empfinde ich unglaublich viel Freude bei der Verwirklichung meiner Interessen und der Zusammenarbeit mit hervorragenden Kolleginnen und Kollegen.

Die Verbindung zwischen angewandter und theoretischer Forschung für die Politikberatung in der Kombination mit wissenschaftlicher Arbeit ist für mich optimal. Die Einstellungsvoraussetzungen für die Abteilungsleiterstelle am DIW Berlin waren eine breite Forschungs- bzw. Managementerfahrung, ausgewiesene wissenschaftliche Leistungen und Kenntnisse in der universitären Lehre. In nahezu allen Bereichen konnte ich

Erfahrungen aufweisen. Ich bin überzeugt, dass es auch für die Entscheider ein unkonventioneller Schritt war, eine so junge Frau mit dieser Aufgabe zu betrauen – daher bin ich dem damaligen Vorstand des DIW Berlin, Prof. Dr. Klaus Zimmermann, Prof. Dr. Georg Meran und Dr. Susanne Schmidt besonders dankbar, dass die Wahl der Besetzung für diese Position auf mich gefallen ist.

Denn noch heute arbeite ich in einem Berufsfeld, in dem überwiegend Männer tätig sind. Ich kann von einer sehr guten Zusammenarbeit zwischen Frauen und Männern berichten. Es gibt sicher Unterschiede in der beruflichen Herangehensweise zwischen Mann und Frau und sicher auch große Unterschiede in den Karrierewegen, allerdings sicher nicht so eklatante wie es oft thematisiert wird. Frauen haben heute gleiche Chancen und können von einer Zusammenarbeit mit Männern profitieren, denn es gibt durchaus auch konfliktreiche Arbeitsbeziehungen zwischen Frauen. Mich persönlich haben in entscheidenden Momenten männliche Kollegen als Mentoren unterstützt: Ohne sie wäre ich jetzt nicht dort, wo ich bin. Ich nehme die fast ausschließlich männliche Arbeitsumgebung als sehr positiv wahr. Ereignisse, die als „typisch männlich" eingestuft werden können, sind für mich oftmals eher amüsant und beleben die Arbeitswelt ungemein. Die meisten Männer sind charmant, kreativ, verlässlich und eine produktive und konstruktive Zusammenarbeit ist immer möglich.

Ein Nordlicht geht seinen Weg

Geboren wurde ich 1968 in der Nähe von Bremen, in Delmenhorst. Die Schule habe ich 1988 mit dem Abitur am Max Planck Gymnasium in Delmenhorst abgeschlossen. Durch die Energiekrisen Anfang der siebziger und achtziger Jahre, über die auch in meiner Familie und in der Schule viel diskutiert wurden, ist mir früh das Energieproblem bewusst geworden. Mein Interesse an Energiethemen und der Vereinbarkeit von Ökonomie und Ökologie ist seitdem stetig gewachsen. Es war also nur eine logische Konsequenz, dass ich das Studium der Wirtschaftswissenschaften

1991 an der Universität Bielefeld abschloss. Dort erhielt ich eine hervorragende Ausbildung in den Grundlagen der Ökonomie und der Mathematik, obwohl mir die übertrieben hohe Ableistung von insgesamt 20 Leistungsnachweisen im Vordiplom noch heute unverhältnismäßig hoch erscheint. Nichts desto trotz bin ich über die fundierte Grundausbildung froh, gerade der Ausbildungsschwerpunkt auf Statistik und Mathematik kommt mir bis heute sehr zugute. Nach Abschluss des Vordiploms wechselte ich an die Universität Oldenburg und habe im Hauptstudium Energie- und Rohstoffthemen als Schwerpunktfächer des volkswirtschaftlichen Studiums gewählt. Schon während meines Studiums war ich in Projekten zu den Themen Energie und Umwelt involviert und hatte Gelegenheit, aktiv in einigen Forschungsprojekten mitzuarbeiten. Dadurch habe ich sowohl die Arbeitsweise innerhalb solcher Forschungsprojekte als auch das vertiefte Studium angewandter Forschungsarbeiten kennen gelernt. Meine Dissertation zum Thema Ökosteuer und Emissionsrechtehandel in Deutschland schloss ich schließlich im Jahre 1998 ab.

Im Jahre 1997 wurde ich zu einem Forschungsaufenthalt an die Stanford Universität, USA, eingeladen. Dort habe ich mit Prof. Alan Manne zusammen in den Forschungsbereichen Energie und Klima gearbeitet. Ihm habe ich viel zu verdanken. Durch ihn wurde mein Interesse an der computerunterstützten Programmierung und Modellierung zur Bewertung von volkswirtschaftlichen Effekten von Klima- und Umweltpolitik, wie beispielsweise die Wirkung eines internationalen Abkommens zur Treibhausgasminderung, geweckt. Seit dieser Zeit programmiere ich quantitative Modelle, anhand derer die wirtschaftlichen Auswirkungen des Klimawandels bewertet werden können.

Prof. Alan Manne war lange Jahre mein Mentor. Durch ihn konnte ich viele wichtige Forscher kennen lernen und meine Forschungsergebnisse präsentieren. Somit konnte ich schon früh ein internationale Netzwerk aufbauen und mich in der „Community" bekannt machen. Das so genannte Energy Modelling Forum (EMF) wird von der Universität Stan-

ford organisiert. Ich bin seit 2001 aktives Mitglied des Forschungsnetz-
werks, an dem nur ausgewählte Wissenschaftler teilnehmen können. Da
die Teilnehmer und Organisatoren des Netzwerks die Forschungsergebnisse nicht nur vergleichen, sondern auch gemeinsam publizieren, kann
ich meine Forschungsergebnisse auch regelmäßig in den für diesen For-
schungsbereich wichtigen internationalen Zeitschriften veröffentlichen.
Prof. Alan Manne hat mich zuletzt im Jahre 2003 in Oldenburg besucht,
ein Jahr vor seinem plötzlichen Tod in Stanford. Bis heute bedaure ich
den frühzeitigen Tod meines Mentors, von dem ich soviel gelernt habe.

Nach meinem Studienaufenthalt an der Universität Stanford habe ich ein
Jahr lang an der Fondazione Enrico Matthei in Mailand und Venedig ge-
forscht. Auch hier ging es um energie- und klimapolitische Fragen, genauer um die energie- und klimapolitische Ausgestaltung der italienischen
Wirtschaft. In dieser Zeit habe ich nicht nur die italienische Sprache, sondern auch die aktive Politikberatung kennen und schätzen gelernt. Unter
anderem war ich eingebunden in die politische Beratung des damaligen
Umweltministers Corrado Clini.

Auch in Mailand konnte ich meine Forschungsschwerpunkte weiter verfolgen. Nach meiner Rückkehr nach Deutschland habe ich eine Forschergruppe junger Wissenschaftler an der Universität Stuttgart, am Institut für
rationelle Energieentwicklung, geleitet, die sich ebenfalls auf die Themenschwerpunkte Energie und Klima konzentrierte.

Die Juniorprofessur als Karriereeinstieg

Im Jahre 1999 schrieb das damalige Bundesbildungsministerium unter der
Leitung von Ministerin Edelgard Bulmahn die ersten Forschernachwuchsgruppen bundesweit aus. Die Leitung einer solchen Forschernachwuchsgruppe mit entsprechender finanzieller Ausstattung erschien mir einerseits
äußerst interessant, andererseits dachte ich gerade ohnehin über eine berufliche Veränderung nach. Mir lagen bereits Angebote aus dem europäi-

schen Ausland vor, doch das Angebot des Ministeriums hätte mir ein Bleiben in Deutschland ermöglicht. Mit der Universität Oldenburg erarbeitete ich einen Vorschlag, eine Forschergruppe zur ökonomischen Bewertung von energie- und umweltpolitischen Strategien zu gründen. Als der Antrag bewilligt wurde, begann im Jahr 2000 der Aufbau der Forschernachwuchsgruppe. Meine ursprüngliche Idee, die Doktoranden in der Gruppe aktiv zu betreuen und bis zur Promotion zu begleiten, scheiterte schließlich daran, dass ich als „Nicht-Professorin" offiziell dafür keine Berechtigung besaß. Ein Jahr nach dem Ausschreiben der Forschernachwuchsgruppen erkannte dies auch das Bundesbildungsministerium als einen wesentlichen Schwachpunkt des Projekts und führte im Jahre 2002 die Juniorprofessur ein. Danach konnten alle Forschernachwuchsgruppenleiter/innen-Positionen bei entsprechender Qualifikation in Juniorprofessuren umgewandelt werden. Die Juniorprofessur wurde – und wird heute noch – in zwei Phasen aufgeteilt (3 plus 3 Jahre). Nach den ersten drei Jahren wird geprüft, ob der/die Juniorprofessor/in die entsprechenden wissenschaftlichen Leistungen erfüllt hat. Hauptsächlich zählen dazu das Einwerben von weiteren Drittmitteln, die Veröffentlichung von referierten Fachzeitschriftenartikeln und die positive Bewertung in der Lehre. Danach beginnt die zweite Phase der Juniorprofessur, in der ein Übergang in eine Lebenszeitprofessur, dem so genannten „Tenure Track", oder die Berufung auf eine ordentliche Professur an einer anderen Universität möglich sein soll. Dieses Verfahren sollte die herkömmliche Habilitation, d.h. die Erarbeitung eines „zweiten Buchs", ablösen, um somit zum einen die Bewertungskriterien der wissenschaftlichen Qualität zu erweitern, aber zum anderen auch jungen Nachwuchswissenschaftlern ermöglichen, frühzeitig eigenständig zu forschen und zu lehren.

Vom Jahr 2000 bis zum Jahr 2004 habe ich die Forschergruppe an der Universität Oldenburg geleitet. In dieser Zeit habe ich vier Doktoranden betreut und zwei weitere große Forschungsprojekte, gefördert von der Volkswagen Stiftung und der Europäischen Kommission, eingeworben.

Inhaltlich haben wir uns in der Zeit auch mit der computerunterstützten Modellierung von Energie- und Umweltpolitik beschäftigt. Zudem habe ich viele Seminare und Vorlesungen gehalten – auch an den Universitäten Siena/Italien, St. Petersburg/Russland und Moskau/Russland. Einen Großteil meiner Forschungsergebnisse konnte ich bereits in internationalen referierten Fachzeitschriften veröffentlichen und wurde schon häufiger als Hauptvortragende auf Tagungen, der so genannten keynote lecture, eingeladen. Im Jahre 2001 wurde der wirtschaftswissenschaftliche Fachbereich der Universität Oldenburg mit sehr guten Ergebnissen evaluiert, so auch meine Forschergruppe. Da ich schon weitere Forschungsgelder eingeworben hatte, Forschungsergebnisse in anerkannten Zeitschriften publiziert hatte und mich in der wissenschaftlichen Bewertung ausreichend qualifiziert hatte, bin ich im Jahre 2002 in die zweite Phase der Juniorprofessur eingestuft worden. Ab diesem Zeitpunkt war ich dann auch „vollwertige" Professorin mit der Berechtigung, Doktoranden bis zum Abschluss der Dissertation zu betreuen und außerdem voll berufungsfähig.

Die Einführung derartiger Juniorprofessuren an deutschen Hochschulen war nicht nur für mich persönlich äußerst wichtig und richtungsweisend. Die deutschen Hochschulen sind mit ihrer Ausbildung oftmals nicht international wettbewerbsfähig, da außer an deutschsprachigen Universitäten international eine Habilitation unbekannt ist. An nahezu allen Universitäten in der Welt können Nachwuchswissenschaftler nach der Promotion als junge Professoren tätig sein, das so genannte Tenure Track-Verfahren bringt vor allem an amerikanischen Universitäten beste Startvoraussetzungen für junge Nachwuchswissenschaftler. Dieses System auch auf deutsche Universitäten zu übertragen, ist ungemein wichtig, da somit auch jungen Wissenschaftlern, die im deutschsprachigen Raum die wissenschaftliche Qualifikation erarbeitet haben, größere Chancen im internationalen Wettbewerb eingeräumt werden. Somit wären auch deutsche Universitäten international konkurrenzfähig und könnten den so genannten Brain Drain, d.h. die Abwanderung junger Nachwuchstalente ins Ausland, effektiver verhindern. Die Erarbeitung einer Habilitation kostet Zeit: wertvolle Zeit in den „besten Jahren" in der Wissenschaftlerkarriere. Zudem ermöglicht die Juniorprofessur jungen Wissenschaftlern die Möglichkeit, möglichst früh unabhängig und eigenständig zu forschen und zu lehren. Gerade für Frauen ist daher die Juniorprofessur besonders attraktiv.

Leider ist die deutsche Hochschullandschaft bis heute weniger reformfreudig als das Bundesbildungsministerium damals angenommen hat. Bis heute haben einige Universitäten die Juniorprofessur nicht eingeführt, an anderen werden Juniorprofessoren als Professoren „zweiter Klasse" behandelt, andere wiederum entziehen Juniorprofessoren den Professorenstatus, da sie wie zuvor als wissenschaftliche Mitarbeiter des so genannten „Mittelbaus" behandelt werden. Das Bundesverfassungsgericht erklärte im Jahre 2004 die Juniorprofessur als verfassungswidrig. Dies hat jedoch lediglich bedeutet, dass die Universitäten einzelner Bundesländer sich nicht vom Bund vorschreiben lassen können, ob und wie sie die Juniorprofessur einführen und vor allem, dass sie die Habilitation abschaffen sollten. Einzelne Bundesländer genießen nach dem Föderalismuskonzept die Entscheidungshoheit, ob und wie sie das Konzept der Juniorprofessur einführen. Die Bundesvorgabe zur Einführung der Juniorprofessur war somit verfassungswidrig.

Die Juniorprofessur gibt es – anders als in den Medien dargestellt – natürlich immer noch, nur einzelne Bundesländer können nun selbst entscheiden, ob und unter welchen Voraussetzungen die Juniorprofessur eingeführt wird und ob sie die Habilitation beibehalten wollen. Dies führte letztendlich dazu, dass einzelne Universitäten nun beides verlangen: die umfangreiche Leistungsbewertung innerhalb der Juniorprofessur und die Habilitation. Diese Doppelleistung macht die Juniorprofessur äußerst unattraktiv: Die ursprüngliche Idee wird damit ad absurdum geführt. Für Frauen mit Familien- und Karriereplanung ist diese Doppelbelastung nahezu nicht zu bewältigen.

Ich bedaure immer noch, dass die Einführung der Juniorprofessur in Deutschland derart schwierig ist und setze mich bis heute in Netzwerken, auf öffentlichen Veranstaltungen und auch innerhalb der Universität aktiv dafür ein, die Juniorprofessur nicht nur beizubehalten, sondern auch umfangreich zu stärken. Nur durch die Juniorprofessur bin ich an einer deutschen Hochschule geblieben und habe die notwendigen Chancen und Möglichkeiten zur Weiterverfolgung meiner Karriere bekommen. Ohne die vom Bundesbildungsministerium eingeführten Forschernachwuchsgruppen und die Juniorprofessur wäre ich höchst wahrscheinlich ins Ausland übergesiedelt.

Meine Abteilung im DIW Berlin: Dream Team statt Brain Drain

Im Jahre 2004 kam der Ruf aus Berlin: die Übernahme der Abteilungsleitung „Energie, Verkehr und Umwelt" am Deutschen Institut für Wirtschaftsforschung und die Professur für Umweltökonomie an der Humboldt Universität zu Berlin. Mit der Berufung wurde ich zugleich von der Humboldt Universität für die Tätigkeit am DIW Berlin zu 80% freigestellt. Die Berufung erfolgte ohne die klassische Habilitation.

Da ich die erste Juniorprofessorin in Deutschland war, die auf eine ordentliche Professur berufen wurde und als junge Frau in der Doppelfunktion als Abteilungsleiterin einer Forschungsabteilung am DIW Berlin und der Professur an der Humboldt Universität doch eher die Ausnahme in der Wissenschaftlerlandschaft war, ist das Bundesbildungsministerium im Mai 2004 auf mich aufmerksam geworden. Die damalige Bundesbildungsministerin Edelgard Bulmahn hat mich dann deutschlandweit der Presse vorgestellt. Unterschiedlichste Medien haben ausführlich darüber berichtet. Dabei hoben die Medien vor allem zwei Bereiche hervor, nämlich erstens, dass eine verhältnismäßig junge Frau in einer derart verantwortungsvollen Position tätig sei, und zweitens, dass hier die erste Juniorprofessorin Deutschlands ohne Habilitation auf eine ordentliche Professur berufen wurde.

Kurz nach meiner Berufung im Jahre 2004 wurde das DIW Berlin im Rahmen der siebenjährigen Bewertungen ausführlich evaluiert. Von Beginn an lernte ich so die Abteilung sehr gut kennen und meine Forschungsinteressen wurden auch von externen Gutachtern bewertet. Durch die positive Bewertung bot sich seit diesem Zeitpunkt die Gelegenheit, die Forschungsschwerpunkte zu konkretisieren, den vorgesehenen Strukturwandel am DIW Berlin aktiv zu begleiten und neue Akzente zu setzen. Seit dem Jahre 2004 arbeite ich nun schwerpunktmäßig am DIW Berlin und leite dort ein 23-köpfiges Team – im Übrigen mit dem höchsten Frauenanteil der Forschungsabteilungen. Indem ich junge Studentinnen gezielt anspreche und auf Forschungsthemen aufmerksam mache, versuche ich, Frauen gezielt zu fördern. Zudem ermögliche ich jungen Müttern eine möglichst flexible Arbeitszeitgestaltung. Die Themen der Abteilung reichen von Energiethemen, z.b. die Förderung erneuerbarer Energien oder der Atomausstieg in Deutschland, über Verkehrsthemen, z.B. die Diskussion um Straßennutzungsgebühren oder die Aufnahme des Flugverkehr in den Emissionshandel, bis hin zu Umweltthemen, wie beispielsweise die internationale Klimapolitik, der Emissionsrechtehandel oder das Kyoto Protokoll zur Verminderung von Treibhausgasen.

Im Fußballjahr 2006 wurde ich in das „Dreamteam" der deutschen Wissenschaft berufen, ausgezeichnet von der Deutschen Forschungsgemeinschaft (DFG), der Helmholtz und Leibniz Gemeinschaft, in dem die besten deutschen Nachwuchswissenschaftler/innen ausgezeichnet wurden. Ich bin auch weiterhin in unterschiedlichsten Netzwerken in Deutschland, Europa und international tätig. So kann ich heute und auch künftig meine originären Forschungsinteressen weiter verfolgen und zudem auch Forschungsergebnisse nicht nur einem Fachpublikum, sondern auch einer breiten Öffentlichkeit vorstellen. Das DIW Berlin genießt als eines der Forschungsinstitute der so genannten „blauen Liste" und als wirtschaftliches Beratungsinstitut der Bundesregierung eine große Medienpräsenz. Es entsteht neben dem wissenschaftlichen Diskurs vor allem eine Diskussion

in der Politik und der Wirtschaft. Seit dem starken Anstieg von Energie-
preisen, Sorgen um eine sichere Energieversorgung auch die breite Öffentlichkeit und vor allem die Politik als eine der Leitthemen entdeckt haben, werde ich häufig zu Vorträgen und Podiumsdiskussionen eingeladen
und zu diversen Themen von den Medien befragt. Ohne ein hervorragen-
des Medientraining, das ich gleich zu Beginn meiner Tätigkeit am DIW
Berlin abgeleistet habe, ist der Umgang mit der Presse heute weder für
Frauen noch für Männer möglich.

Das DIW wird wie andere Forschungsinstitute einer regelmäßigen Bewertung unterzogen, die Anforderungen wachsen im Laufe der Zeit. Neben
der aktiven Politikberatung sollen die Mitarbeiter von Forschungsinstitu-
ten künftig noch stärker die wissenschaftliche Qualität durch die Veröffentlichung der Forschungsergebnisse in international anerkannten Fachzeitschriften veröffentlichen und verstärkt hochwertige wissenschaftliche
Drittmittel einwerben. Zudem sollten auch die internationalen Netzwerke
weiter gestärkt werden. Alle diese Herausforderungen bedeuten auch eine
konkrete Ausrichtung einzelner Forschungsinteressen. Auch an der Humboldt Universität wachsen die Netzwerke, zusammen mit der agrarwissen-
schaftlichen Fakultät werden langfristige Projekte bearbeitet, zudem will
auch die Humboldt Universität im Exzellenzwettbewerb bestehen.

Die Frau-Mann-Konstellation: It is a man´s world − is it?

Zeit für ein paar ehrliche Worte: Natürlich arbeite ich in einer Männer-
domäne. Alle meine Kollegen der Forschungsabteilungen am DIW Berlin
und der volkswirtschaftlichen Fakultät an der Humboldt-Universität Berlin sind Männer. Ich bewege mich zwischen großen, mächtigen Energie-
unternehmen, Lobbyisten, Politikern und Wissenschaftlern − fast alle
männlich, es gibt so gut wie keine Frauen in der „Energieszene". Sicher:
Einige, insbesondere eher ältere, Männer dieser Branche trauen Frauen
auch wirklich keine wissenschaftliche Kompetenz in diesem Themenbe-
reich zu. Die meisten mächtigen Männer, mit denen ich zu tun habe, sind

15-20 Jahre älter als ich und gehören damit einer anderen Generation an. Es ist daher eine besondere Herausforderung, als junge, weibliche Frau sich in dieser Männerwelt zu behaupten oder überhaupt Gehör zu verschaffen. Sicher, jede Frau macht ihre Erfahrungen im Berufsalltag mit manchen Männern, die ein völlig antiquiertes Frauenbild haben und damit oft Anlass für skurrile Situationen sind. Es gibt tatsächlich immer noch Männer, die mit rundweg antiquierten Bemerkungen zumeist gar nicht merken, dass sie sich lächerlich machen. Für mich ist dies eher amüsant, denn im Grunde sind diese Herren gutmütige Menschen, die zum Teil eher unsicher im Umgang mit einer Frau sind. Tatsächlich gibt es aber auch gefährliche Gegner, die im Grunde nichts anderes im Sinn haben, als kriegerisch bzw. strategisch die Machtposition auszuschöpfen. Dies ist allerdings kein spezifisches Mann-Frau-Problem; sicherlich gibt es immer auch konfliktreiche Arbeitszusammenhänge, sowohl mit Männern als auch mit Frauen.

Aber: Es gibt auch genügend Männer – gerade meiner Generation –, die mit einer Frau auf gleicher Augenhöhe gar keine Probleme haben und es als Selbstverständlichkeit hinnehmen, mit einer Frau zusammenzuarbeiten, zu diskutieren oder zu beraten. Nur: die negativen Begegnungen bleiben mehr im Gedächtnis, die positiven Erfahrungen fallen nicht so sehr auf und werden weniger wahrgenommen. Ich bin auch deshalb dort, wo ich jetzt bin, da mich in wichtigen Situationen Männer unterstützt haben – als Mentoren, Berater und Fürsprecher.

In meinem Arbeitsfeld sind Frauen klar unterrepräsentiert. Sicherlich verlaufen bestimmte Situationen in einer reinen Männer-Arbeitswelt ganz anders: Männer werden in den seltensten Fällen danach gefragt, ob sie Kinder haben und wenn ja, wie sie es schaffen, Familie und Beruf unter einen Hut zu bringen – obwohl es auch bei den Männern eine berechtige Frage wäre. Bei Männern spielen die Äußerlichkeiten in der Bewertung eine viel geringere Rolle. Frauen können weniger auf bewährte Verhaltensmuster wie Männer mit ihren Männerseilschaften und Strippenzieher-

Kontakten zurückgreifen. Viel wurde darüber schon gesagt und geschrieben:

- Frauen sind „karrieregeil" – Männer machen schlichtweg Karriere,

- Frauen sind „zickig" – Männer durchsetzungsstark,

- Frauen werden immer nach ihrem Äußeren bewertet – Männer fast nie.

Zudem bleibt oft ein anzüglicher Unterton, wenn sich Frauen mit Männern zu nicht öffentlichen Besprechungen treffen. Es ist eben etwas anderes, ob sich Frau Merkel mit Herrn Müntefering zu einem Arbeits-Abendessen trifft oder es Herr Schröder tut. Ein sympathisches Lächeln zwischen Mann und Frau wird gleich als Paarungsverhalten interpretiert. Diese Unterschiede werden auch weiterhin bestehen bleiben.

Einen wesentlichen Unterschied kann man nicht wegdiskutieren: Frauen gebären den Nachwuchs und sind zumeist in den ersten Jahren für die Kindererziehung verantwortlich. Leider ist es in Deutschland immer noch schwer, Kindererziehung und Full Time-Job unter einen Hut zu bringen. Diese Tatsache macht es Frauen schwer, die Karriereleiter ohne Unterbrechungen hinaufzusteigen. Es ist für Frauen wichtig, sich dieser Konstellationen bewusst zu sein. Aber den Pessimismus sollte man nicht übertreiben, schließlich hat sich für die heutige Frauengeneration etwas Grundsätzliches verändert: Frauen *können* Karriere machen, sie *können* die entscheidenden Positionen bekommen und *können* einen ganz erheblichen Einfluss ausüben.

Es ist heute selbstverständlicher, dass Frauen für Spitzenpositionen in Betracht gezogen werden – wenn sie denn wollen. Letzteres ist ein wichtiger, oftmals leider unterschätzter Aspekt. Immer wieder mache ich bei der Besetzung von Stellen die Erfahrung, dass Frauen sich selbst zu schlecht darstellen und oftmals nicht in eine Führungslaufbahn hineingehen wollen. Die Gründe sind sicher vielschichtig: Familienplanung, Angst vor zu großer Verantwortung, keine Fürsprecher und Mentoren, aber sicher auch Angst vor dem Unbekannten. Zu wenige Frauen sind bisher in Spitzenpositionen zu finden, daher gibt es auch zu wenig Erfahrungswerte. Viele Männer haben Angst vor zu mächtigen und dominanten Frauen – daher wählen Frauen eher untergeordnete berufliche Positionen So entsteht der Teufelskreis: Eigentlich wollen Frauen auch bessere berufliche Karrierewege einschlagen, trauen es sich aber entweder nicht zu oder können dies mit der Familien- oder Partnerschaftsgestaltung nicht vereinbaren.

Der Ausspruch „Hinter jedem starken Mann, steht eine starke Frau." ist wohl nicht falsch, allerdings gilt er nicht im Umkehrschluss: Nicht hinter jeder starken Frau, steht ein starker Mann. All die „Frau von der Leyens" als Vorzeigemütter dieses Landes können nur deshalb eine so unglaubliche Karriere- und Lebensgeschichte aufweisen, da sie auf ein stabiles soziales Netzwerk zurückgreifen können. Der Mann von Frau Merkel beispielsweise ist ein angesehener Wissenschaftler und kann daher eher in der breiten Öffentlichkeit relativ unscheinbar im Hintergrund agieren. Er muss keine „First Lady"-Aufgaben übernehmen – auch das geht. Diese Männer erlauben es, dass Frauen Karriere machen. Alle Frauen, die dies nicht aufweisen können, haben es besonders schwer und schaffen es zumeist gar nicht. Die derzeitige absurde Forderung von Frauen, welche die „Frauen zurück an den Herd" bringen wollen, ist schon deshalb lächerlich und nicht ernst zu nehmen, da sie von Karrierefrauen geführt wird, die im Laufe der Zeit entdeckt haben, dass beides – Karriere und Familie – zumindest in Deutschland kaum zu schaffen ist, sie ein schlechtes Gewissen bekommen und stellvertretend gleich alle Frauen mitverhaften wollen. Ich hatte für meine Karriere gute Ausgangsvoraussetzungen und vor allem einen starken Partner an meiner Seite, der mich schon immer – seit fast 20 Jahren – in meinen Talenten unterstützt und motiviert hat. Ohne Unterstützung von Partner, Familie und Freunde wäre ich ganz sicher nicht dort, wo ich jetzt bin. Ich habe das große Glück gehabt, dass ich immer ein gutes Arbeits-Netzwerk hatte und Fürsprecher, die die Qualität der

Arbeit erkannt und gefördert haben. Mir hat zudem aber auch in schwierigen beruflichen Zeiten auch immer meine „jetzt erst recht"-Mentalität geholfen. In stürmischen Zeiten habe ich mich nie beirren lassen und weiter gekämpft – Männer erwarten im Übrigen auch ein solches Verhalten, sie kennen es wiederum nur von ihren Geschlechtsgenossen – sind aber oft erstaunt, dass eine Frau sich so verhält. Dies kann eine Frau auch nutzen: unterschätzt und falsch eingeschätzt zu werden, kann auch ein Vorteil für die Frau sein.

Sicher, es ist immer noch eine „Man's World", aber Frauen sind immer häufiger in Führungspositionen zu finden. Frauen müssen sich selbst mehr zutrauen, keine Angst vor Neuerungen haben und mit Tiefschlägen umgehen können. Frauen sollten sich nicht betont männlich geben, sondern Frau bleiben. Und beständig und sich selbst treu bleiben. Dann klappt es auch mit der Karriere.

Cluster 2
Wirtschaftliche Interessenvertretung

Der kommunikative Auftritt von Unternehmen hat sich in den letzten Jahrzehnten grundlegend verändert. Meist ist nur der Name geblieben, die Schwerpunkte der Botschaften und Inhalte sind längst andere. Das liegt an der Professionalisierung der Unternehmens- und Markenkommunikation, die sich den Anforderungen der immer differenzierteren Medienlandschaft anpasst. Unternehmen sind sich der Tatsache bewusst, dass es zunehmend wichtiger wird, eigene Botschaften in der Öffentlichkeit zu verankern, bevor andere das tun. Deshalb verfügt heute nahezu jedes Unternehmen sowohl über eine Marketing- bzw. Kommunikationsabteilung als auch über interne Strukturen, die für langfristige Planung, Strategieüberlegung, Koordinierung, Überwachung der Implementierungsmaßnahmen, Public Relations, Markenbildung, etc. verantwortlich sind. Bei dieser gewachsenen Kompetenz ist es nur konsequent, dass Unternehmen auch in Berlin ihre Interessen vertreten.

Obwohl die Wirtschaft zunehmend Geld in ihre Unternehmensrepräsentanzen investiert, die Zahl von Verbindungsbüros nach dem Regierungsumzug von Bonn nach Berlin rapide von etwa 50 auf mehr als 120[14] angestiegen ist und dieser Geschäftsbereich inzwischen meist direkt der Geschäftsführungsebene zugeordnet wird, zeigt sich im Unternehmensalltag immer wieder, dass Politik nicht zum Kerngeschäft eines Unternehmens gehört. Die Verbindungsbüros sind personell längst nicht so gut aufgestellt wie die entsprechenden Branchenverbände mit ihren zahlreichen Fachreferenten: Oftmals ist es nur ein kleiner, aber feiner Stab von Mitarbeitern, der sich um die Beobachtung der Politik und die Kontakte küm-

---

[14] Auch entstanden von einzelnen Unternehmen und/oder Verbänden getragene Initiativen sowie zeitlich bzw. thematisch begrenzte ad-hoc Koalitionen.

mert. Aus diesem Grund werden Unternehmensinteressen noch immer über Verbände vertreten.

Es zeigt sich jedoch auch, dass Unternehmen zunehmend auf die professionelle Unterstützung von Public Affairs-Agenturen zurückgreifen. Diese Public Affairs Agenturen sind Dienstleister, die auf politische Interessenvertretung spezialisiert sind. Die externen Dienstleister unterstützen sowohl Unternehmen als auch Verbände in den verschiedenen Phasen der politischen Interessenvertretung, so dass die Aufgaben vom Beobachten (Monitoring) der politischen Entscheidungsprozesse über die Erarbeitung von Beteiligten-Analysen (Stakeholder) bis hin zur konkreten Umsetzung einer Lobbying-Strategie reichen.

Unternehmen, die inzwischen verstärkt ihre ureigenen Interessen im politischen Raum vertreten, greifen häufig auf dieses externe Know-How zurück. Denn Agenturen bieten einen besonderen Mehrwert: Die Dienstleister vereinen unter einem Dach die unterschiedlichsten Kompetenzen, die mit der Auftragsvergabe problemlos und kurzfristig eingekauft werden können, ohne langfristig einen teuren Mitarbeiterstab aufbauen zu müssen. Darüber hinaus können diese Dienstleister auf ein etabliertes Netzwerk und bereits bestehende politische Kontakte zurückgreifen, die ein Unternehmen oftmals erst aufbauen müsste. Das Verhältnis zwischen Agenturen und Auftraggebern ähnelt dem von Anwalt und Mandanten: eine absolute Vertraulichkeit ist Grundlage jeder Beauftragung.

Verbände verfügen beim Lobbying über den Vorteil, die Interessen ihrer Mitglieder bündeln und als Paket kommunizieren und vertreten zu können. Durch diesen Bündelungseffekt sind sie für Politik und Verwaltung ein interessanter Ansprechpartner, da branchenspezifische Anliegen durch einen einzigen Ansprechpartner vorgebracht werden. Doch das System der Interessenvermittlung befindet sich in einer Transformation: Der Konkurrenzdruck steigt, denn die Verbände müssen sich im Kampf um die Aufmerksamkeit der Politik nicht nur gegen rund 14.000 andere Verbände durchsetzen, sondern sie konkurrieren auch mit Bundes- und Landesregierungen, Parteien und Initiativen. Zusätzlich unterliegt die Verbandslandschaft starken Individualisierungs-, Singularisierungs- und Pluralisierungstendenzen. In den Beziehungen zwischen Politik und Wirtschaft verstärkt sich die individualisierte Verbindung mit einzelnen Unternehmen bzw. sektoriellen Verbänden während die Bedeutung der sektor- (bzw. branchen-)übergreifenden Verbände relativiert wird. Die Zahl der Neugründungen von themenspezifischen Verbänden steigt ständig. So fand im Jahr 2004 beispielsweise die Neugründung des Verbandes Pro Generika e.V. statt, die das Spektrum der Pharma-Verbände in Deutschland, wie den Verband der forschenden Arzneimittelhersteller (VfA) oder Bundesverband der Pharmazeutischen Industrie (BPI), ergänzt. Aufgrund dieser immer stärker werdenden sektoriellen Ausdifferenzierung entstehen zur Durchsetzung von politischen Interessen immer häufiger auch thematisch begrenzte Ad-hoc-Koalitionen.

Im Portrait

Anja Schlicht
Büroleiterin bei
PRint – Agentur für Öffentlichkeitsarbeit, Berlin

Anja Schlicht ist in der Berliner Community eng verbunden mit der gemeinnützigen Organisation „Terres des hommes". Ihr langjähriges berufliches und privates Engagement ist eines ihrer Markenzeichen und bei Vorträgen spricht sie gerne über die mehrfach ausgezeichnete Kampagne, die von ihr konzipiert wurde. Sie freut sich über das Interesse der Menschen an dieser Arbeit, obwohl viele auch denken mögen: „Typisch Frau! Engagiert sich ehrenamtlich, aber damit kommt man sicher nicht weiter." Weit gefehlt, kann man da nur sagen. Bei Hill & Knowlton in Berlin war Anja Schlicht als Associate Director und Practice Head Public Affairs tätig, nun leitet sie das Büro von PRint und baut für die Münchner Agentur den Public Affairs-Bereich aus. Diese anspruchsvolle Aufgabe fordert nicht nur kreatives Einfühlungsvermögen, sondern auch strategisches Denken und eine ganze Menge Organisation: kurz Managementqualitäten. Dass sie über diese verfügt, zeigt sich nicht nur an ihrer beruflichen Position, sondern auch im außergewöhnlichen Zeitmanagement der zweifachen Mutter. Bei all ihren Aktivitäten – egal ob auf Konferenzen, zwischen zwei Terminen oder im Büro – ist sie stets entspannt und zugänglich.

Diese Kombination aus beruflichem Know-How und sozialer Kompetenz macht Anja Schlicht auch zu einem Aushängeschild der Branchen-Vereinigung degepol – der Deutschen Gesellschaft für Politikberatung. Als Gründungsmitglied setzt sie sich für die Ziele der Organisation ein und treibt als Repräsentantin die Professionalisierung der Branche voran.

Public Affairs – Entwicklung einer jungen Disziplin der politischen Kommunikation in Deutschland

Vor einer Analyse der Möglichkeiten, Notwendigkeiten und Realitäten die der Beruf „Public Affairs Berater/Beraterin" aus weiblicher Sicht beinhaltet, scheint eine allgemeine Bestandsaufnahme des in Deutschland doch recht neuen Berufsbildes angebracht.

Zu Beginn dieses Kapitels steht also die Betrachtung der Professionalisierung eines Bereiches der politischen Kommunikation – der Public Affairs. Hierbei werden die Definition und Begriffsklärung, die historische Entwicklung, Standards und ein Abriss der Aufgaben von Public Affairs kurz behandelt.

Im Anschluss daran steht die Beschreibung der persönlichen Karriere, was waren und sind Voraussetzungen, was hat sich geändert, gibt es „weibliche" Strategien in diesem Bereich?

Abschließend soll die Frage erörtert werden, ob ein relativ junger Berufszweig, der neben politischen Sachverstand auch eine so oft beschriebene weibliche Stärke, nämlich die Kommunikation, beinhaltet, automatisch auch einen höheren Frauenanteil in Managementpositionen bedeutet.

Public Affairs – Ursprung eines Begriffes

Die Verwendung von „Public Affairs" (abgekürzt: PA) als Begriff einer speziellen Form des Kommunikationsmanagements stammt aus den USA. Hier wurde 1954 auf Veranlassung von Präsident Dwight D. Eisenhower das Public Affairs Council (PAC) gegründet. Dies sollte den Unternehmen eine Möglichkeit geben, in der politischen Kommunikation einen Gegenpol zu den immer einflussreicher werdenden Gewerkschaften zu bilden.

Die amerikanische PAC Definition des Begriffes konzentriert sich auf die politische Einflussnahme:

„Public Affairs ist die Bemühung einer Organisation, das eigene Wirtschaftsumfeld zu beobachten und aktiv zu steuern. Public Affairs vereint hierzu Government Relations, Kommunikation, Themenmanagement (Issues management) und Strategien der Übernahme gesellschaftlicher Verantwortung von Unternehmen, um Politik zu beeinflussen, einen guten Ruf aufzubauen und eine gemeinsame Basis mit den Anspruchsgruppen zu finden." (www.pac.org).

Public Affairs – Bedeutung und Entstehung in Deutschland, aktuelle Definitionen

In einigen Fachveröffentlichungen wird als Ursprung der Public Affairs in Deutschland der Regierungsumzug von Bonn nach Berlin erwähnt. Dies ist nicht ganz richtig. Schon Mitte der 1990er Jahre wurde der Begriff von internationalen Agenturen und im universitären Umfeld in Deutschland verwendet.

Allerdings führte die deutsche Übersetzung „öffentliche Angelegenheiten" teilweise zu einer Interpretation, die sich von der Definition der „Public Affairs"-Praktiker in Washington und Brüssel deutlich unterschied: Als „Public Affairs" wurde damals meist das Management von Kommunikationsmaßnahmen bezeichnet, die sich um Themen drehten, die als „im öffentlichen Interesse liegend" angesehen wurden (z.B. zu Umweltschutz, Kinderrechten, Aufklärungskampagnen) oder bei denen der Auftraggeber eine Institution der Öffentlichen Hand war.

Mit dem Regierungsumzug nach Berlin setzte eine Professionalisierung ein und das Verständnis des Begriffes „Public Affairs" glich sich mehr der internationalen Definition an. Zusätzlich ging dieser Prozess mit einer radikalen Änderung der Praxis einher. Vertraten in der „Bonner Republik" vor allem die Verbände Unternehmensinteressen, sind dies jetzt zunehmend Unternehmensrepräsentanzen, Agenturen, Rechtsanwaltskanzleien und freie Beraterinnen und Berater. Bestrebungen, transparente und überprüfbare Instrumente der politischen Kommunikation zu schaffen, werden ebenso vorangetrieben.

Hierzu trug v.a. die Gründung der Deutschen Gesellschaft für Politikberatung (degepol) 2002 bei, sowie deren Erarbeitung eines Verhaltenskodexes und eines Kriterienkatalogs zum Qualitätsmanagement in der Politikberatung (www.degepol.de).

Was versteht man heute in Deutschland unter dem Begriff „Public Affairs"? Zum einen gibt es sicherlich noch das aus der direkten Übersetzung herrührende Verständnis, dass hierunter die Kommunikation der öffentlichen Hand, von Bundesministerien, Landesregierungen oder Kommunen in Richtung der allgemeinen Öffentlichkeit zu verstehen ist.

Dies wird aber zunehmend abgelöst von der Definition, die auch die degepol verwendet:

Public Affairs ist das strategische Management des Dialogs zwischen Wirtschaft, Gesellschaft und Politik und bedeutet vor allem die Vertretung und Vermittlung von Interessen der Organisation oder des Unternehmens, deren Mitarbeitern oder Mitgliedern in politischen Entscheidungsprozessen.

Public Affairs ist nicht Public Relations!

Im deutschen Sprachraum gibt es einige Definitionen, die eine Abgrenzung von Public Affairs und Public Relations nicht wirklich ermöglichen, oft wird um den Begriff „politische Kommunikation" herumformuliert.

Das Online-Portal für EU Nachrichten, EurActiv, bringt es auf den Punkt: „Public Affairs ist die Praxis persuasiver (d.h. intentionaler) politischer Kommunikation. Sie ist notwendiger Bestandteil des Politikprozesses und wird durch Verhaltenskodizes geregelt." (www.euractiv.com)

Köppl stellt in seinem Buch zum „Public Affairs Management" fest, dass Public Relations die Public Affairs oft nur als Instrument zur Erreichung der politischen Zielgruppen sieht, dabei jedoch die Tatsache verkennt, dass es sich nicht primär um eine Informationsweitergabe an politische Entscheidungsträger handelt, sondern um die Involvierung in die politischen und gesellschaftlichen Prozesse. (2000, S. 24)

Unterschiede im Verständnis Public Affairs national und international

Bewegen sich das Verständnis und die Praxis von PA auch in Richtung der wie von degepol oder bei EurActiv vertretenen „internationalen" Definition, so gibt es doch weiterhin nationale Unterschiede.

Ein wichtiger Unterschied der Public Affairs Praxis zwischen Deutschland und den USA oder Brüssel ist, dass „Public Affairs" in Deutschland nur als Service von Agenturen oder anderen externen Dienstleistern angeboten wird. Innerhalb von Unternehmen oder Organisationen existiert der Begriff „Public Affairs" in Deutschland so gut wie (noch) nicht. Die entsprechenden Stellen in Unternehmen tragen oft Bezeichnungen wie „Regierungskontakte", „Abteilung Politik", „Hauptstadtrepräsentanz" oder „Politik und Gesellschaft". Dies ist in anderen Ländern anders – hier wird mit „Public Affairs" auch die organisationsinterne Funktion zur politischen Kommunikation bezeichnet.

Aufgaben von Public Affairs

Um am politischen und gesellschaftlichen Diskurs teilzunehmen und die Ansichten eines Unternehmens oder einer Organisation zu bestimmten Themen und deren Auswirkungen bei den Anspruchsgruppen bekannt zu machen, haben die internen oder externen PA-Verantwortlichen vor allem folgende Aufgaben:

- Recherche von und Wissen über politische oder gesellschaftliche Themen (issues), die einen Einfluss auf die Organisation/das Unternehmen haben können, oder zu denen beigetragen werden kann. Kontinuierliche Information der Leitung.

- Bewertung der Themen und Entwicklung von Strategien und Handlungsoptionen sowie deren Ausführung.

- Bekanntmachung der Ansichten der Organisation/des Unternehmens bei den Anspruchsgruppen (Stakeholdern) mit dem Ziel, Verständnis oder Akzeptanz zu schaffen.

Elemente der Public Affairs

Tätigkeiten und Maßnahmen der Public Affairs Verantwortlichen lassen sich immer in folgende Hauptelemente unterteilen:

1. Analyse der Anspruchsgruppen (Stakeholder Mapping)

2. Themenidentifikation (Issues Mapping)

3. Kontinuierliche Informationsbeschaffung / Monitoring / Analysen

4. Information nach Innen

5. Themenbewertung, Entwicklung und Umsetzung der Kommunikationsstrategien

6. Evaluation

Professionalisierung im Bereich Public Affairs

Die Imageproblematik der Politikberatung in Deutschland v.a. in den Jahren 2002/2003 und die wachsende Internationalisierung der Branche, die besonders durch den zunehmenden Einfluss und die Relevanz europäischer Politik und Entscheidungen aus Brüssel hervorgerufen wurde, führten unweigerlich dazu, dass auch in dem in Deutschland bislang sehr undefinierten Bereich der Politikberatung der Ruf nach einer verstärkten Professionalisierung laut wurde. Einer Professionalisierung, die dem Berufszweig zu mehr Transparenz und damit auch mehr Glaubwürdigkeit verhelfen sollte.

In relativ kurzer Zeit lassen sich hier viele Bemühungen feststellen, die zumindest in die richtige Richtung weisen.

Neben Versuchen einer einheitlichen Definition durch Verbände (s.o.) war dies v.a. die Entwicklung von berufsethischen Vorschriften. 2003 haben sich zwei Verbände, nämlich die weiter oben erwähnte degepol und der DRPR (Deutscher Rat für Public Relations) über berufsethische Vorschriften im politischen Bereich Gedanken gemacht und Verhaltenskodizes verabschiedet. Die DRPR „Richtlinie zur Kontaktpflege im politischen Raum" ist etwas umfangreicher als der degepol Verhaltenskodex, in den Grundzügen stimmen beide jedoch überein.

Auch im Bereich der Ausbildung gibt es Bemühungen, dies zu spezifizieren und zu standardisieren; durch neue Institute, Angebote für Zusatzqualifikationen und speziell eingerichtete Studiengänge im Rahmen von vorhandenen Studienrichtungen an bestehenden Universitäten. Voraussetzungen hierzu aus praktischer Sicht folgen im nächsten Abschnitt.

Ebenso sollten Qualitätskriterien nachvollziehbar sein. Es gibt Bemühungen, diese zu kategorisieren und zu standardisieren, z.B. durch den „Kriterienkatalog zum Qualitätsmanagement in der Politikberatung" der Deutschen Gesellschaft für Politikberatung.

Insgesamt gesehen zeigt sich, dass Deutschland auf dem Wege der Professionalisierung der Politikberatung in den letzten Jahren einen großen Schritt nach vorne gemacht hat: sowohl was die Organisation von Berufsinteressen, als auch die Berufsdefinitionen, die Berufsethik und die spezifischen Ausbildungsmöglichkeiten angeht. Allerdings steckt vieles noch in den Kinderschuhen; und ob sich die Verhaltensregeln und ein transparentes Qualitätsmanagement in der Branche durchsetzen werden, bleibt abzuwarten.

Sicher ist jedoch, dass die externe Politikberatung von Unternehmen, die in der Bonner Republik oft auf „alten" Netzwerken, Beziehungen und nicht selten auf Gefälligkeiten und Verpflichtungen beruhte, zumindest ergänzt wird durch standardisiertes, professionelles und transparentes Handeln.

Dies eröffnet Frauen und Männern, die nicht zu dem gehören, was in diesem Zusammenhang im englischen Sprachraum gerne als „Old-Boys-Network" bezeichnet wird, Berufschancen im Bereich der politischen Kommunikation.

Karriere im Bereich Public Affairs

Nach der allgemeinen Begriffsbestimmung von Public Affairs in Deutschland, der Kurzbeschreibung von Aufgaben und Elementen ist der Blick darauf interessant, wie sich Karrieren in diesem Bereich entwickelt haben oder entwickeln können.

Auch hier ist eine Veränderung mit der einhergehenden Professionalisierung feststellbar und sie ist erst einmal geschlechtsunspezifisch.

Nach der Betrachtung des persönlichen Berufsweges folgt eine genauere Analyse der Voraussetzungen an die aktuelle Ausbildung von Politikberaterinnen und -beratern.

Persönliches

Auch wenn ein vorangegangener Unterpunkt mit „PA ist nicht PR" betitelt war – interessanterweise führte mich ein internationales PR Studium hin zum Bereich Public Affairs.

Nach dem Grundstudium der Publizistik sowie der Theater-, Film- und Fernsehwissenschaften in Berlin bewarb ich mich als Teilnehmerin an dem damals neuen Postgraduate-Programm „MARPE", einen „M.A. in European Public Relations / Communication Management". Neun europäische Universitäten hatten sich vorgenommen, qualifizierte Fachleute heranzubilden, die in europäischen Dimensionen denken und handeln, also mit unterschiedlichen kommunikativen Problemstellungen in den einzelnen Ländern umgehen können. Das Studium fand in drei verschiedenen Ländern statt, Schwerpunkte waren neben der Ausbildung in Sprachen die theoretische und praktische Wissensvermittlung im Kommunikationsmanagement und im Bereich der Europäischen Studien.

Mich führte dieses Studium nach Belgien und Frankreich. Neben interessanten Einblicken in die unterschiedlichen Studienkulturen (das Studium in Frankreich fand an der CELSA – der Grande Ecole für Kommunikation statt), stieß ich hierbei 1992/93 zum ersten Mal auf den Begriff Public Affairs. In Belgien war dies ein Unterrichtsschwerpunkt. Sehr zu unserem damaligen Erstaunen beschäftigten wir uns hierbei v.a. mit Gesetzeswerken (besonders dem damals neuen EU-Vertrag von Maastricht) und den jeweiligen Prozedere des Gesetzgebungsverfahrens. Berater erläuterten den Ablauf der verschiedenen Verfahren, wer wann Einfluss nehmen kann und mit wem man folglich zu was sprechen kann und muss. Zu diesem Zeitpunkt wurde mir ziemlich schnell klar, dass sich unter „Public Affairs" das verbirgt, was wir in Deutschland zu weiten Teilen mit dem Begriff Lobbying bezeichnen.

In Frankreich absolvierte ich neben dem internationalen Abschluss an der Sorbonne dann parallel die französische Maîtrise – Thema der Abschlussarbeit war die Finanzkommunikation im internationalen Vergleich.

1994 fing ich bei der Berliner Agentur ABC, Teil des internationalen EURO RSCG Netzwerkes, an. Zuständig war ich hier vor allem für die internationale Kommunikation, allerdings später auch für den Bereich der „Public Affairs", so der Begriff denn – damals nur in der internationalen Zusammenarbeit – auftauchte.

Allerdings war das Verständnis hier auf deutscher Seite noch sehr geprägt von der direkten Übersetzung der „öffentlichen Dinge" oder der „Dinge im öffentlichen Interesse". D.h. in diesen Bereich fielen Arbeiten für Kinderhilfswerke genauso wie für Ministerien (es handelte sich ja um „öffentliche Gelder"), unabhängig von der Kommunikationsaufgabe.

Der Wechsel zu Hill & Knowlton Anfang 2001, einer internationalen Kommunikationsagentur mit einem Schwerpunkt im Bereich der Public Affairs, ging einher mit der generellen Professionalisierung des Bereichs in Deutschland. Neben den Erfahrungen und Tools, die das internationale Netzwerk bot, um den Bereich PA in Deutschland aufzubauen, bot sich parallel die Möglichkeit, die Professionalisierung des Berufsbildes in Deutschland aktiv weiter mit voranzutreiben.

Dies tat ich durch diverse Buchbeiträge zum Thema, als Vorstandsmitglied der Deutschen Gesellschaft für Politikberatung (degepol), durch aktive Mitarbeit an deren Verhaltenskodex sowie durch die Mitarbeit bei der Arbeitsgruppe Public Affairs der DPRG.

Resümierend lässt sich feststellen, dass mein Weg hin zur Büroleiterin einer Agentur, die sich auf Unternehmenskommunikation und Public Affairs spezialisiert zu Beginn ein eher zufälliger war, der über den Umweg der PR eingeleitet wurde. Die letzen Jahre waren jedoch aktiv geprägt durch die Mitgestaltung der Professionalisierung der Branche und das begleitende Networking.

Eine Karriere im Bereich der Public Affairs sieht heute anders aus – sie ist planbar, d.h. weniger von Zufällen geprägt, und hat verschiedene Voraussetzungen.

Voraussetzungen für Public Affairs Karrieren

Grundsätzlich lässt sich in den letzten 3-4 Jahren ein steigendes Interesse am Bereich „Public Affairs" feststellen. Bewarben sich früher v.a. Absolventinnen und Absolventen aus dem Bereich der Kommunikationswissenschaften und anderen Geisteswissenschaften, sind dies heute verstärkt Studentinnen und Studenten der Politikwissenschaften, aber auch aus den Bereichen Jura, Wirtschaftswissenschaften und Verwaltungsstudien.

Zunächst einmal sind die Voraussetzungen für Karrieren im Bereich der Public Affairs „geschlechtsneutral" und gelten sowohl für Frauen als auch für Männer.

Im Bereich der Politikberatung gibt es nach wie vor zwei Lager, was die Einschätzung dieser Voraussetzungen angeht. Zum einen diejenigen, die der Ansicht sind, dass ein Berufszugang nur über „Praxiserfahrung" und den Aufbau von persönlichen Netzwerken und Kontakten möglich ist. Zum andern diejenigen, die Wert auf eine universitäre Ausbildung in entsprechenden Fachgebieten wie Politikwissenschaften, Jura oder Kommunikationswissenschaften legen. Gemeinsam ist beiden jedoch, dass gewisse Praxiserfahrungen in diesem Feld für unerlässlich gehalten werden.

Um herauszufinden, welche Fähigkeiten und Ausbildungen von Politikberatern in der Praxis aktuell verlangt werden, hat die degepol Ende 2003 eine Mitgliederbefragung durchgeführt. Praxiserfahrung wird hierbei von über 60 Prozent als sehr wichtig oder sogar unerlässlich angesehen. Die eigene Ausbildung der befragten Beraterinnen und Berater wurde dominiert von Politikwissenschaftlern (45 Prozent) und Kommunikationswissenschaftlern (39 Prozent). Andere Ausbildungen umfassten Jura, Wirtschaftswissenschaften, Journalismus und Soziologie. Dieser eigene berufliche Hintergrund spiegelte sich auch wider in den Angaben auf die Frage, welche Ausbildung jemand besitzen sollte, der sich als Berufseinsteiger bewirbt: auch hier dominieren Kommunikations- und Politikwissenschaften deutlich.

Die größten Defizite, die bei Berufseinsteigern, aber auch Praktikern, in diesem Feld in Bezug auf Eigenschaften, Kenntnisse und Fähigkeiten in dieser Befragung ausgemacht wurden, waren vor allem unzureichende praktische Kenntnis politischer Abläufe, mangelndes strategisches Denken, mangelnde Kommunikations- und Präsentationstechniken sowie ein zu geringes methodisch-analytisches Verständnis.

Auch die notwendigen Fähigkeiten für eine erfolgreiche Berufsausübung von Politikberaterinnen und -beratern wurden von den Praktikern entsprechend mit Kommunikationsfähigkeit, Politikwissen sowie methodisch-analytischem und strategischem Denken angegeben.

Konkret sollte ein kommunikationswissenschaftliches oder journalistisches Studium also ergänzt werden durch Praxiserfahrungen im Politikbereich, ein politikwissenschaftliches Studium durch praktische Erfahrungen im Bereich des Journalismus oder besser noch des Kommunikationsmanagements (in Agenturen oder in Kommunikationsabteilungen von Unternehmen und Organisationen).

Ein rein juristischer Hintergrund ist in Deutschland nicht ausreichend für eine PA-Karriere in Agenturen (dies noch im Unterschied zu Brüssel) – Kenntnisse von Kommunikationsmaßnahmen und -abläufen spielen bisher eine zu große Rolle.

Bei den Einstiegspositionen spielt das Geschlecht keine Rolle – außer der für alle Bereiche geltenden Feststellung, dass Frauen eher zu größerer Bescheidenheit neigen. Konkret geben männliche Absolventen schon bisher aufgebaute Netzwerke (durch Universitäten, Praktika etc.) an, weibliche tun dies seltener – obwohl beide „Netzwerke" ähnlich belastbar sind. Frauen liegt es vielleicht auch ferner, ihre bisherigen Kontakte als „Netzwerk" zu bezeichnen.

Interessant ist die Betrachtung, wie sich der Frauenanteil in den Public Affairs mit fortschreitender Karriere entwickelt.

Bedeutet eine junge Profession einen höheren Frauenanteil auf Managementebene?

Da zu dieser Frage keine konkreten Statistiken vorliegen, sei eine subjektive Betrachtung der Situation in Agenturmanagement und Politikberatung in Berlin gestattet.

Tatsächlich ist es im Bereich der Public Affairs so wie auch im Bereich der Public Relations allgemein: Gibt es auf der „normalen" Arbeitsebene meist mehr Frauen als Männer, ändert sich dies im Bereich des oberen Managements und der Geschäftsführung drastisch: hier sind Frauen weiterhin bei weitem in der Minderzahl. Auch die entsprechenden für die Politikberatung relevanten Veranstaltungen, Netzwerke und Verbände sind überwiegend von Männern dominiert.

Woran liegt das, wenn es doch auf der Ebene des „Nachwuchses" keine Geschlechterdifferenz gibt? Neben der Tatsache, dass Frauen beim Aufbau und beim Nutzen von notwendigen Netzwerken zögerlicher scheinen als Männer, liegt es im Bereich der Public Affairs Agenturen sicherlich an der Arbeitswelt in Agenturen allgemein. Halbtagsstellen in Führungspositionen in Agenturen sind unrealistisch, ebenso wie geregelte Arbeitszeiten – oft kann man eben nicht um 17 oder 18 Uhr die Arbeit beenden oder das Mobiltelefon ausschalten. Zu einem erfolgreichen Networking gehört neben der dauerhaften Erreichbarkeit für Kunden auch die Teilnahme an zahlreichen Abendveranstaltungen.

All dies ist für eine Frau, die Familie hat oder plant, schwierig organisatorisch unter einen Hut zu bekommen. Gerade bei der aktuellen Kinderbetreuungssituation in Deutschland – und Berlin schneidet im Vergleich ja noch gut ab – wo selbst Ganztageskitas spätestens um 17.30 die Pforten schließen. Ohne ein paralleles, straff organisiertes Kinderbetreuungs-Netzwerk ist dies unmöglich.

Und gerade Frauen ab 30 stehen heute weiterhin zwar nicht unbedingt vor der Entscheidung „Kind oder Karriere" – aber, wenn ich beides haben will (Familie und Karriere), wie lässt es sich organisieren? Und wo bleibe ich dabei? Agenturen sind hier sicherlich nicht der einfachste Arbeitgeber. Entscheidungen müssen dabei berücksichtigen, wie das Privatleben in Einklang mit dem Berufsleben gebracht werden kann – das, was im Englischen so schön mit „Work-Life Balance" ausgedrückt wird.

Oft wird von Frauen, die eine Familie planen, nicht eine Entscheidung gegen die Arbeitswelt „Agentur" getroffen, sondern für ein mit dieser Work-Life-Balance vereinbares Berufsbild in Unternehmen, der Verwaltung oder als freie Beraterin. Was meist auch einen zumindest zeitweisen Verzicht auf Karriere und Führungsposition bedeutet. Ganz sicher trifft die Feststellung aus der „2. Bilanz Chancengleichheit – Frauen in Führungspositionen" des Bundesministeriums für Familie, Senioren, Frauen und Jugend vom Februar 2006 auch für den Lebensalltag in PA-Agenturen zu: „Zwischen den Jahren 2000 und 2004 konnten nur sehr junge und ältere Frauen ihre Beteiligung an Führungspositionen verbessern, nicht aber Frauen mittleren Alters in der Zeit der kinderbetreuungsintensiven Familienphase."

Frauen, die in Public Affairs Agenturen eine Führungsposition innehaben, sind tatsächlich meist kinderlos, oder die Kinder sind schon älter und fast aus dem Haus.

Es lässt sich leider keinesfalls feststellen, dass eine junge Disziplin wie die der Public Affairs gleichzeitig auch einen höheren Frauenanteil im Management in diesem Bereich bedeutet. Denn die Rahmenbedingungen, die diesen Frauenanteil behindern sind in diesem Fall m. E. nicht zuvorderst in verknöcherten Hierarchien, Vorurteilen oder eingefahrenen Strukturen zu suchen, sondern in Arbeitszeitmodellen, Kinderbetreuungsmöglichkeiten und der grundsätzlichen Vereinbarkeit von Familie und Beruf.

Ein positiver Ausblick sei gestattet: Es ist möglich, eine Führungsposition in Agenturen mit Familie zu vereinbaren. Voraussetzungen sind allerdings neben dem flexiblen Arbeitgeber verständnisvolle Kunden, ein motiviertes, gutes Team, der Wille zur guten Erreichbarkeit (auch zu Zeiten, in denen eigentlich die Kinder betreut werden wollen) und eine sorgfältige und eingeschränkte Auswahl der wahrzunehmenden Veranstaltungen.

Im Portrait

Nicole Heizmann
Sprecherin der Jungen Lobby

Obwohl das Bild der Lobbyisten in der Öffentlichkeit nicht gerade das Beste ist, bezeichnet sich Nicole Heizmann durchaus als solche. Sie gehört zu einem Kreis junger Nachwuchslobbyisten, wie sie seit dem Regierungsumzug von Bonn nach Berlin immer häufiger das politische Parkett bevölkern. Sie verlreten sehr zielstrebig und seriös die Interessen von Unternehmen, Verbänden und NGOs und organisieren sich als solche auch ganz selbstbewusst: Nicole Heizmann ist eine der Sprecherinnen der Jungen Lobby, einem Kreis junger Interessensvertreter, die sich regelmäßig zum beruflichen Austausch treffen. Nicole Heizmann betritt ganz unprätentiös ein Restaurant in Berlins Mitte: Dunkler Hosenanzug, ein Schal in gedeckten Farben, ein wenig Schmuck, kein knalliges Make-up. Ohne viel Aufhebens sucht sie sich einen Platz, bestellt das tagesaktuelle Mittagslunch, dazu eine Flasche Mineralwasser. Das Handy bleibt auf Vibrationsalarm in der Handtasche. Genauso seriös und souverän wirkt sie sicherlich in Gesprächen mit Politikern. Sie nimmt sich Zeit zum Zuhören, um dann pointiert zu kommentieren und ihren Standpunkt unmissverständlich darzustellen. Als ausgebildete Juristin ist sie es gewohnt, auch zwischen den Zeilen zu lesen und auf Wünsche und Vorstellungen des Gesprächspartners einzugehen. Die Zeit mit ihr vergeht wie im Fluge. Nicht ganz ohne Humor skizziert sie die Berliner Verhältnisse, wie man sie als junge Frau manchmal gezwungen ist, wahrzunehmen. Aber das, so sagt sie, ist nur ein Seitenaspekt – und lacht. Viel schöner, so findet sie, ist, dass sie mit der Jungen Lobby so viele professionelle und ambitionierte junge Leute aus einer Branche zusammengebracht hat, die sich allesamt miteinander austauschen wollen und so gar nichts gemeinsam haben mit dem verruchten Lobbyismus à la Schreiber oder Hunziger. Und außerdem gibt es neben dem Job als Lobbyistin ja auch noch ein Leben, nämlich als Rechtsanwältin und Privatmensch. Und genau das hat sie auch mit all den anderen Mitgliedern der Jungen Lobby gemein.

Junge Lobbyisten

Ich bin Sprecherin der „Jungen Lobby", Rechtsanwältin und im Hauptberuf stellvertretende Büroleiterin einer Repräsentanz eines Energieversorgers. Aus Sicht einer jungen Lobbyistin, die ein wenig über den Tellerrand der alltäglichen meist fachspezifischen Politikberatung in Berlin hinaus schaut, sind drei Thesen festzuhalten:

- Geschlechterungleichheit ist hauptsächlich eine Generationenfrage.

- Die Politik ist in Deutschland bei der Gleichstellung von Frauen schon deutlich weiter als die Wirtschaft.

- Bei der Ausübung hoher Machtpositionen gibt es keine geschlechtsspezifischen Unterschiede. Die Unterschiede werden eher vom Charakter des bzw. der Mächtigen geprägt.

Die Junge Lobby hat sich nach dem Regierungsumzug nach Berlin gegründet. Es gab in der neuen Berliner Szene Bedarf nach einem Zusammenschluss jüngerer „Lobbyisten" mit einem moderneren Stil der Politikberatung, der weniger von Hierarchien abgeleitet, repräsentativ und mehr fachlich-inhaltlicher Natur ist. Die Junge Lobby ist kein eingetragener Verein und auch ohne Satzung. Die ca. 50 Mitglieder sind sehr heterogen: parteipolitisch, branchenspezifisch und auch von der Art der Organisation. So gibt es von Firmen- über Gewerkschafts- und Verbandsvertreter bis sogar zu einer Kirchenvertreterin eine große Vielfalt. Ziel des Zusammenschlusses ist das Netzwerk. Aufgrund der Heterogenität kommt es zu keiner gemeinsamen politischen Willensbildung oder ähnlichem.

Mitglied wird man auf Vorschlag und durch Zustimmung der restlichen Mitglieder der Jungen Lobby. Wichtigstes Kriterium ist dabei, dass die Person und die aktuell ausgeübte Tätigkeit zur Gruppe passt. Von den Mitgliedern wird erwartet, dass sie, losgelöst von den individuellen Lobbyinteressen, auf einem bestimmten Abstraktionsniveau politisch diskutieren können.

Die Junge Lobby tagt in der Regel einmal monatlich meist mit einem Gast aus der Politik oder dem politischen Umfeld in einer der Repräsentanzen eines Mitgliedes. Im Anschluss an das jeweilige Referat wird, wie dies Journalisten nennen, „unter Drei", d. h. ausschließlich für den Hintergrund und nicht zitierfähig, diskutiert.

Was unterscheidet uns von den zahlreichen anderen Berliner Politiknetzwerken? Zuerst einmal ist es wahrscheinlich wirklich die „Wohlfühlkomponente". Ein großer Teil der Mitglieder hat einen persönlichen Draht zueinander gefunden. Man geht nach den Treffen noch gemeinsam ein Bier oder einen Wein trinken, feiert einmal jährlich ein gemeinsames Sommerfest mit Partnern und ehemaligen Gästen.

Das Selbstverständnis vieler Mitglieder im Umgang miteinander ist sehr ähnlich: Es gibt in der Jungen Lobby wenig geschlechtsspezifische Unterschiede. Der Frauenanteil ist nahezu gleich hoch wie der Männeranteil. Es zählt schlicht die Kollegialität. Das Platzhirschverhalten einzelner ist sehr gering, was Diskussionen sehr fruchtbar macht. Während unserer Treffen haben wir inzwischen auch eine Kinderbetreuung für den zahlreichen Nachwuchs der Jung-Lobbyisten organisiert.

Junge Lobbyarbeit in Berlin

Um zunächst einmal einem sehr platten Vorurteil gegenüber Lobbyisten bzw. politischen Interessensvertretern entgegenzutreten: Wir arbeiten nicht mit Geldkoffern. Auch wenn es immer wieder entsprechende Einzelfälle geben mag, die die ganze Branche damit in Verruf bringen, ist es in der Fachszene absolut verpönt. Einigen von uns ist dies auch offiziell durch Verhaltenscodizes der Unternehmen verboten. Den Begriff „lobbying" mit Verweis auf dessen amerikanischen Ursprung benutze ich deshalb auch nur unter Vorbehalt, weil er sich eingebürgert hat. Mit dem

Druck auf und der Käuflichkeit von Stimmen wie in der amerikanischen Lobby hat die politische Beziehungsarbeit der Industrie hierzulande nichts gemein. Lobbyarbeit findet seine Grundlage im vertrauensvollen Umgang zwischen den Interessensvertretern und der Politik. Dieses Vertrauen basiert auf guten Argumenten, hoher Glaubwürdigkeit, Zuverlässigkeit und Diskretion.

Unsere Werkzeuge sind Argumente, sehr gute Kenntnisse der politischen Prozesse und ein großes Netzwerk zu den relevanten Personen in der Politik und deren Umfeld.

Das Miteinander von Politik und Wirtschaft funktioniert zudem nur, „wenn jeder bei seiner Rolle bleibt", d. h. Wirtschaft sollte nicht die „bessere Politik" und Politik nicht die „bessere Wirtschaft" machen wollen. Politik und Wirtschaft sind zwei unterschiedliche Welten mit jeweils eigenen Systemen, Mechanismen und Sprachen. Eine der Hauptfunktionen von Lobbyisten ist es, die „Übersetzungsarbeit" in beide Richtungen zu leisten. Ihnen kommt eine „Scharnierfunktion" zu, da sie beide Welten kennen.

Die politischen (gesetzgeberischen) wie die wirtschaftlichen Vorgänge sind heute von einer derart hohen Komplexität gekennzeichnet, dass die Politik es sich nicht leisten kann, auf die Beratung durch Unternehmen und Verbände mit Praxiserfahrung zu verzichten. Die Industrie versteht sich insofern längst als politischer Dienstleister. Wird diese nicht nur erwünschte, sondern auch notwendige Einflussnahme überwiegend oder vollständig durch (argumentlose) *pressure* ersetzt, wird sie illegitim. Das kann sich kein Unternehmen leisten, denn am Ende schadet es sich selber am meisten damit. Politik und Wirtschaft brauchen einen regelmäßigen Ideenaustausch. Bei der Komplexität der Themen sind Unternehmen als Teil der Gesellschaft in der Pflicht, die unternehmerische Sicht in die Diskussion einzubringen. Gleichzeitig muss die Politik entscheiden, welchen Einfluss Unternehmensinteressen im gesamtgesellschaftlichen Kontext haben sollen. Das Ergebnis dieses Zusammenspiels spiegelt sich in dem von der Politik gesetzten Ordnungsrahmen wieder.

Konkret heißt das für die Lobbyarbeit, dass in zwei Stufen gearbeitet werden muss: In der ersten Stufe muss bei der Politik für ein Anliegen Interesse geweckt werden, damit überhaupt eine Diskussion entsteht. In der zweiten Stufe muss dieses Anliegen auch im gesamtgesellschaftlichen Kontext eine solche Priorität erlangen, dass die Argumente für dieses Anliegen weitestgehend von der Politik als dringlich empfunden und im Idealfall übernommen werden.

Da Politik bzw. das politische Umfeld Ansprechpartner vor Ort erwartet, ist es für Unternehmen ratsam, regelmäßig vor Ort präsent zu sein. Insbesondere für die Qualität der Kontakte der Unternehmensrepräsentanten zur Arbeitsebene ist der kurze und oft auch persönliche Weg essenziell. Reibungslose Kommunikation in die Politik hinein ist für ein Wirtschaftsunternehmen zwar in Zahlen meist schwer messbar, aber nachhaltig und wesentlich für den längerfristigen wirtschaftlichen Erfolg.

Welche Rolle spielt nun das „Frausein" im Lobby- bzw. Politikumfeld?

Unter den „Jungen Lobbyisten" spielt das Geschlecht keine Rolle. Wie schon oben beschrieben, ist das Selbstverständnis zur Gleichbehandlung von Männern und Frauen in dieser Altersgruppe und diesem Umfeld ziemlich homogen. Auch außerhalb dieser Gruppe ist es weitestgehend eine Altersfrage. Älteren Herren, insbesondere in der Verbandsszene, aber auch alt gediente traditionelle „Repräsentanten", haben nach wie vor ein Problem mit Frauen auf gleicher Augenhöhe. Dies führt teilweise bis zu der Groteske, dass sie selbst in kleinen Runden Frauen nicht einmal begrüßen. Entsprechende Repräsentanten sind aber gottlob vom Aussterben bedroht.

Innerhalb der Politik und den Bundesministerien hat sich in den letzten Jahren beim Thema Gleichstellung viel getan. Insbesondere Quotenmodelle haben dem Bundestag eine deutlich höhere Anzahl an weiblichen Abgeordneten beschert. Die Grünen beschlossen bei ihrer Parteigründung 1979 eine Frauenquote: Mindestens die Hälfte aller Ämter sollen weiblich besetzt sein. Die SPD beschloss 1988 eine 40-Prozent-Frauenquote für Ämter und Mandate. Die CDU plante im Dezember 1994 einen Anteil von einem Drittel, scheiterte damit aber 1995. Stattdessen führte sie 1996 ein so genanntes Frauenquorum ein.

Zusammensetzung Frauen und Männer im Deutschen Bundestag 16. WP

Fraktion	Frauen	Männer	gesamt	Frauen in %
CDU/CSU	45	181	226	19,91
SPD	80	142	222	36,04
FDP	15	46	61	24,59
DIE LINKE.	25	29	54	46,30
BÜNDNIS 90/ DIE GRÜNEN	29	22	51	56,86
Bundestag gesamt	194	420	614	31,59

Quelle: http://www.bundestag.de/mdb/mdb_zahlen/frauen, (eigene Berechnung bei Frauen in %)

Aber auch in den Bundesministerien ist der Frauenanteil viel höher als etwa vergleichbar in der Wirtschaft. Insbesondere in Führungspositionen haben Frauen im öffentlichen Dienst deutlich höhere Chancen als in der deutschen Wirtschaft. Stellenausschreibungen werden im öffentlichen Dienst mit dem Zusatz versehen, dass bei gleicher Qualifikation Bewerberinnen bevorzugt werden. Dies ist nicht nur Deklaration, sondern passiert bei Stellenbesetzungen auch tatsächlich.

Für die private Wirtschaft gab es bis zum letzten Sommer kein Gleichstellungsgesetz. Es scheiterte sehr lange unter anderem am Widerstand der Unternehmerverbände. Stattdessen wurde eine freiwillige Vereinbarung zwischen Wirtschaft und Bundesregierung geschlossen, die nach einer Studie der Hans-Böckler-Stiftung im Management nur teilweise bekannt war und meist – wenn überhaupt – entsprechend zögerlich umgesetzt wurde. Das neue Allgemeine Gleichbehandlungsgesetz (AGG) ist am 18.08.2006 in Kraft getreten. Mit diesem Gesetz wurden mehrere EU-Richtlinien in deutsches Recht umgesetzt. Die Wirtschaft steht diesem Gesetz nach wie vor sehr skeptisch gegenüber.

Die allgemein gute Stimmung der Industrie würde nach Aussage des Bundesverbandes der Deutschen Industrie (BDI) durch das AGG ebenso gedämpft wie durch die Erhöhung der Mehrwertsteuer von 16 auf 19 Prozent. Die Rechtsunsicherheit durch das AGG verhindere zudem, dass noch schneller Jobs geschaffen würden, so wird Arndt Kirchhoff vom BDI in der Financial Times Deutschland am 28.11.06 zitiert. Wie viel das AGG tatsächlich zur Erhöhung des Frauenanteils insbesondere auch bei höheren Führungspositionen in Unternehmen bringt und inwieweit es wirklich schadet, bleibt abzuwarten. Richtet man seinen Blick in die USA mit teilweise noch strengeren und schon viel länger bestehenden Diskriminierungsvorschriften, ist jedenfalls festzustellen, dass dort die Wirtschaft nicht an diesen Vorschriften Schaden genommen hat und der Frauenanteil auch in hohen Führungspositionen deutlich höher ist.

Strippenzieherinnen sind in Deutschland demnach deutlich häufiger innerhalb der Politik als im Umfeld von Unternehmen und Verbänden anzutreffen.

Die erste Bundeskanzlerin in Deutschland

Zweifelsohne ist die Bundeskanzlerin die Frau mit der meisten formellen Macht in Deutschland. Bei der Frage, inwieweit dies Einfluss auf andere Bereiche hat, lässt sich keine einfache Antwort finden. Der Frauenanteil bei den Beschäftigten im Bundeskanzleramt hat sich seit der Amtsübernahme von Dr. Angela Merkel nicht merklich erhöht. Man hört auch nicht, dass von ihr und ihrem Umfeld gezielt Frauenförderung betrieben wird. Das hat wohl auch viel damit zu tun, dass Frauen, die es so weit gebracht haben, sich nicht unbedingt „frauenspezifischen Themen" wie gezielte Frauenförderung zu eigen machen wollen, weil sie Angst davor haben, dann als „Emanze" in die Ecke gestellt zu werden. Während der Amtszeit von Dr. Angela Merkel als Ministerin für Frauen und Jugend setzte sie selbst keinerlei frauenpolitische Akzente. Symptomatisch dafür ist, dass sie sich in der Auseinandersetzung zur Reform des § 218 StGB (Schwangerschaftsabbruch) bei der Abstimmung im Deutschen Bundestag über die Fristenregelung im Jahr 1992 enthielt.

Trotzdem ist die Außenwirkung einer weiblichen deutschen Bundeskanzlerin nicht zu unterschätzen: Männer – insbesondere auch die aus der Wirtschaft und den Verbänden – müssen mit einer Frau verhandeln, wenn sie politisch etwas durchsetzen wollen. Das ist für das Selbstverständnis und das Ego einiger Männer in Führungspositionen eine große Herausforderung. Dass die Bundeskanzlerin Dr. Angela Merkel noch dazu aus dem konservativen Lager kommt, macht es für manchen Mann noch schwieriger, da man sie nicht mit den gängigen Vorurteilen gegen „linke Emanzen" abtun kann. Somit ist die Tatsache, dass wir die erste weibliche Bundeskanzlerin haben, ein großer Entwicklungsschritt für Deutschland. Es gibt schlicht eine neue Selbstverständlichkeit der Geschlechtergleichheit in der Politik, bei der man nur hoffen kann, dass sie auch mittelfristig in die Wirtschaft ausstrahlt.

Jenseits der Bundeskanzlerin gibt es zahlreiche Frauen in der Politik, die tatsächlich Machtpositionen innehaben: Ministerinnen, Staatssekretärinnen, Parlamentarierinnen, Abteilungsleiterinnen und andere führende Beamtinnen in Ministerien. Sie können in der Tat viel gestalten. In der Politik ist mittlerweile bis auf wenige Ausnahmen klar, dass Gleichbehandlung eine Selbstverständlichkeit ist. Alles andere würde nicht der *political correctness* entsprechen. Ist es bei manchen vielleicht nur die Angst vor der Öffentlichkeit, die sie dazu zwingt, die Gleichstellung anzuerkennen? Da Wirtschaft weniger öffentlich stattfindet, kann man es sich vermeintlich dort noch leisten auf diese *political correctness* zu verzichten. Schließlich ist Gleichbehandlung vordergründig wenig für die Entwicklung des Aktienkurses relevant. Entsprechend wenig werden unternehmensintern Verstöße gegen die Gleichbehandlung geahndet. Häufig werden bei der Besetzung von Führungspositionen Frauen nicht berücksichtigt. Da die Stellen von leitenden Angestellten nicht mitbestimmungspflichtig sind, gibt es auch keine unternehmensinternen „Kontrollorgane", die zur Förderung der Gleichstellung beitragen.

Geschlechterunterteilung

Gibt es eine Geschlechterunterteilung und macht diese Sinn? Ja, es gibt sie. Überall wo beide Geschlechter miteinander zu tun haben, werden die Menschen nach unterschiedlichen Kriterien beurteilt, jenseits der von ihnen erwarteten Leistungen. Männer werden eher nach rationalen Kriterien beurteilt, losgelöst vom Geschlecht. Bei Frauen spielen Äußerlichkeiten und Verhalten leider oft eine viel größere Rolle als die tatsächlich erbrachte Leistung. Wie „Frau" sich optimal verhalten soll, ist dabei schwierig zu raten. Ist sie durchsetzungsstark und meldet ihre Ansprüche an, landet sie schnell in der „Zickenecke". „Die macht nur Stress", heißt es dann hinter ihrem Rücken. Aber immerhin fürchtet man sie ein wenig. Gibt sie sich konziliant und freundlich, ist sie nett, aber harmlos und wird nicht ernst genommen. Das ist meist die Variante, die Männer als angenehm empfinden. Da wildert schließlich niemand ernsthaft in ihrem Terrain oder meldet gar Ansprüche an, die in ihren Augen doch eigentlich nur Männern zustehen.

Sinn macht diese Geschlechterunterscheidung natürlich nicht. Würden Frauen die Maßstäbe, die Männer an sie anlegen, umkehren, wäre dies kein echter gesellschaftlicher Fortschritt. Wichtig für das Erreichen einer Gleichstellung ist, dass gesellschaftlich offen über solche Ungleichheiten gesprochen wird und zumindest der vernünftigere Teil der Männer versteht, in welchen Schemen Kommunikation mit und Bewertung von Frauen oft ablaufen. Erst wenn ein erheblicher Anteil an Männern diese nahezu primitiven Verhaltensmuster ablegt, wird sich wirklich etwas ändern.

Ob Frauen mit Macht anders umgehen als Männer, halte ich für fraglich. Die Ausübung von Macht ist im wesentlichen Charaktersache. Ist es das Streben nach Anerkennung, der Wille zu verändern, Geld, Status? Es gibt viele Antriebsmöglichkeiten. Die Art der Machtausübung dürfte auch sicher etwas mit den Erfahrungen zu tun haben, die der oder die Mächtige auf dem Weg zur Macht gemacht hat. Diese beiden Kriterien halte ich für viel wesentlicher als die geschlechtsspezifische Unterscheidung. Mittelbar hat diese natürlich auch etwas damit zu tun.

Meine persönliche Berufswelt

Die Basis meiner jetzigen beruflichen Tätigkeit sind die sehr guten Kenntnisse von politischen Abläufen und Prozessen, Gesetzgebungsverfahren und gute Kontakte in die Politik. Solche Kenntnisse fallen nicht vom Himmel und sind auch nicht so einfach an der Universität oder neuerdings in teuren Politik-, Kommunikations- und Managementkursen lernbar.

Zunächst habe ich Jura studiert. Dies ist eine gute Basis für die Tätigkeit einer Lobbyistin. Da man als Lobbyist Einfluss auf die politischen Rahmenbedingungen nehmen möchte und diese in Gesetzen, Richtlinien und Verordnungen geregelt sind, ist es für die Tätigkeit sehr hilfreich, Rechtskenntnisse zu haben. Zudem lernt man im Staatsrecht zumindest theoretisch an der Universität, wie Gesetzgebungsverfahren funktionieren.

Die Ausbildung als Juristin reicht allerdings nicht aus, um eine gute Lobbyistin zu werden. Wichtig ist insbesondere die praktische Erfahrung in und mit der Politik. Für mich waren die Tätigkeiten für Bundestagsabgeordnete in unterschiedlichen Funktionen und Politikbereichen sehr hilfreich. In den Büros der Bundestagsabgeordneten lernt man neben den parlamentarischen Abläufen das schnelle und effektive Einarbeiten in unterschiedliche Themen und deren übersichtliche Aufbereitung. Zudem bietet diese Tätigkeit die Möglichkeit, Kontakte zu knüpfen. Ohne diese unmittelbare Erfahrung mit der Politik ist es sehr schwer, Politik zu verstehen und ein Gefühl für politische Prozesse zu entwickeln. Genau dies ist bei einer guten Politikberatung für Unternehmen und Verbände gefragt. Auch den Umgang mit der Presse und der Öffentlichkeit (Wählern) lernt man in einem Abgeordnetenbüro, was für die Arbeit als Lobbyistin sehr hilfreich ist. Schließlich hat man auch als Unternehmensvertreter direkt oder indirekt mit der Presse und den Wählern, die dann Kunden bzw. Verbraucher der Unternehmensprodukte sind, zu tun.

Neben den oben beschriebenen Kenntnissen ist ein Interesse für Politik und politische Abläufe notwendig. Ohne den notwendigen Respekt vor den politischen Institutionen lässt sich keine seriöse Beratung durchführen. Auch ein sympathisches und seriöses Auftreten ist sehr hilfreich für diese Tätigkeit. Zudem müssen Vertraulichkeit und Quellenschutz von Informationen unumstößliche Werte sein, schon alleine um die Kontakte, aber auch, um den eigenen Ruf in der Politikszene nicht zu gefährden.

Nach meinen Tätigkeiten für Abgeordnete arbeitete ich bei einem Telekommunikationsunternehmen als Beauftragte für Politik, Parlament und Regierungsangelegenheiten. Dadurch bekam ich gute Einblicke in die Infrastrukturpolitik, die ersten Jahre nach der Privatisierung eines ehemaligen Staatsunternehmens und generell in die Strukturen eines deutschen Großunternehmens.

Großunternehmen sind wie die Politik eine Welt für sich. Es braucht seine Zeit und Mühe, bis man sich darin zurechtfindet und die „Unternehmenskultur" wirklich kennen lernt. Jede Großorganisation scheint andere Spielregeln, Riten und Umgangsformen zu pflegen. Auch mit Hierarchien wird sehr unterschiedlich umgegangen. Kollegialität wird sehr unterschiedlich gelebt.

Nach dreieinhalb Jahren in der Telekommunikationsbranche reizte mich der Wechsel in eine andere Branche. Es wurde die Energiebranche. Auch in dieser Branche hatte man vor nicht allzu langer Zeit die Liberalisierung hinter sich gebracht. Auch hier geht es um Infrastrukturpolitik. Die Netze für Strom und Gas werden wie die Telekommunikationsnetze von der Bundesnetzagentur reguliert. Während die IT- und Telekommunikationsbranche – insbesondere durch neue Technologien – von jüngeren, smarten Leuten repräsentiert wurde, wird die Energiebranche von älteren Männern dominiert. Entsprechend unterschiedlich ist der Umgang der Branchen mit Frauen, die darin arbeiten.

Meine Erfahrungen im bisherigen Berufleben

Im Einzelfall hängt der berufliche Werdegang hauptsächlich vom unmittelbaren beruflichen Umfeld ab. Hat man Vorgesetzte, die die eigene Person und Leistung Wert schätzen, dann stehen immer wieder Türen offen.

Schwieriger wird es, wenn es um Führungspositionen geht. Gerade in männlich dominierten Bereichen – meistens jenseits des Personal- und Kommunikationsbereichs in den einzelnen Unternehmen – haben es Frauen schwer. Führungspositionen sind nicht mehr mitbestimmungspflichtig, so dass unternehmensintern weitaus weniger Kontrolle über die Art und Weise der Stellenbesetzung ausgeübt wird. Dies und die klassischen Vorurteile gegenüber Frauen bei den meist männlichen Vertretern im Aufsichtsrat sind mitunter die Hauptgründe dafür, weshalb es kaum weibliche Vorstände bei Dax-Unternehmen gibt (Glass-Ceiling-Problem[15]). Es gibt meist schon in der Management-Ebene darunter keine Frauen mehr, so dass es auch an geeignetem weiblichen Nachwuchs für die Spitzenpositionen in den Unternehmen mangelt.

Im Alltag unterscheidet sich mein Selbstverständnis in der Jobausübung nicht von dem der männlichen Kollegen. Ich bin weder in spezifisch weiblichen Netzwerken, noch nehme ich gezielt gegenüber den Partnern in der Politik oder gegenüber Kollegen die Frauenrolle ein. Bestimmte Aufgaben müssen erledigt werden. Für diese ist es wesentlich, dass man kompetent, zuverlässig und vertrauenswürdig auftritt. Was sich jenseits des eigentlichen Jobs vielleicht in den Köpfen mancher Männer, mit denen man als Frau zu tun hat, abspielt, interessiert mich nicht und war bislang für meine Arbeit mit der Politik auch nicht wesentlich.

Der Begriff „Strippenzieherin" ist vielleicht für die Tätigkeit, die ich ausübe, gar nicht so schlecht. Wer die politischen Abläufe gut kennt, weiß, wo angesetzt – welche Strippe gezogen – werden muss, wenn der Prozess beeinflusst werden soll. Allerdings ist hier auch schon die Grenze der Macht erreicht. Man braucht Argumente und entsprechende Strategien, die vom Arbeitgeber unterstützt werden und sich vor allem mit der Unternehmensstrategie decken müssen, um Prozesse beeinflussen zu können. Dies sind Grenzen für meine Tätigkeit auf der Seite der Wirtschaft. Aber auch Politik hat ihre Grenzen: So gibt es beispielsweise meist einen Koali-

---

[15] Glass Ceiling (aus Management Lexikon, www.kraus-und-partner.de/65/Lexikon) aus dem Englischen: gläserne Zimmerdecke. Mit diesem Begriff wird das unsichtbare Hindernis bezeichnet, das Mitarbeitern den Aufstieg in die höchsten Führungsetagen verwehrt. Häufig sind es Frauen, deren Karriere dadurch gebremst wird. Die "gläserne Barriere" kann z. B. aus Vorurteilen bestehen, aufgrund derer man einer Frau eine Führungsaufgabe nicht zutraut (auch Glass Wall).

tionspartner, eine öffentliche Meinung und wechselnde Mehrheitsverhält-
nisse in Bundestag und Bundesrat. Deshalb würde ich meine Tätigkeit
zwischen Politik und Wirtschaft eher als Beratertätigkeit sehen. Tatsächli-
che Macht hätte ich als Person, wenn ich beispielsweise mit einer Verlage-
rung des Unternehmenssitzes ins Ausland drohen könnte, weil mir das
Unternehmen auch selbst gehört. Da aber alle meine Lobbykollegen und -
kolleginnen Angestellte wie ich sind, ist unsere Macht, wie oben beschrieben, sehr begrenzt.

(Un-)Vereinbarkeit von Kind und Karriere?

Leider ist es auch in Großunternehmen immer noch ein Unterschied, ob
man als Mann oder Frau Eltern wird. Nicht nur das Ausfallen während
des Mutterschutzes führt zu einer natürlichen Unterscheidung der Geschlechter, sonder vielmehr die Tatsache, dass die Erwartungen der Gesellschaft an eine Mutter in Deutschland offenbar immer noch andere sind
als die an Väter. Bei Müttern wird sofort die Frage gestellt, wie leistungs-
fähig sie eigentlich für Job und Kind nach einer Geburt sind. Vätern wird
diese Frage nicht gestellt, auch nicht hinter ihrem Rücken. Beispiel: Väter
sind toll, wenn sie mal früher als gewöhnlich den Arbeitsplatz verlassen,
um ihre Kinder zu betreuen. Sie haben gar viel soziale Kompetenz. Mütter
müssen sich die Frage gefallen lassen, ob sie ihr Leben nicht organisiert
bekommen, wenn sie das Gleiche tun.

Beim beruflichen Aufstieg ist das Thema Familie natürlich besonders
problematisch. Da die Erziehung und Fürsorge für Kinder in den Köpfen
der meisten „Entscheider" nach wie vor schwerpunktmäßig Frauensache
ist, haben es Frauen im gebärfähigen Alter mit oder ohne Kindern un-
gleich schwerer, Karriere zu machen. Gleiches gilt für Neueinstellungen
für Frauen dieser Altersgruppe. Bleibt zu hoffen, dass das neue Eltern-
geld, in dem auch Väter zur Elternzeit motiviert werden sollen, eine Wen-
de in den Köpfen dieser Menschen herbeiführt. Erst wenn Väter gleichermaßen wegen Kindererziehung Auszeiten nehmen und Verantwor-

tung zu gleichen Teilen mittragen, wird sich in Deutschland eine richtige Kehrtwende in der Personalpolitik der Unternehmen vollziehen. Schweden ist dabei schon erhebliche Schritte weiter und hat eine deutlich höhere Frauenerwerbsquote.

Ob die Alternativen nur lauten „Kinder ohne Karriere" oder „Karriere ohne Kinder", wage ich zu bezweifeln. Natürlich ist das eine ohne das andere einfacher und passt besser in die gesellschaftlichen Schemata. Fraglich ist aber, ob dies wirklich – insbesondere gut ausgebildete – Frauen, aber auch deren Männer glücklich macht. Wenn man beides haben möchte, ist es häufig eine Frage des richtigen Zeitpunktes und des richtigen Umfeldes für das eine oder andere.

Zu berücksichtigen ist zudem, dass sich viele Frauen gerade um die vierzig nicht bewusst gegen Kinder und für Karriere entscheiden bzw. entschieden haben. Oft hat sich das so aus den Lebensumständen ergeben. In früheren Lebensjahren mag das anders sein.

Fazit

Es gibt in der deutschen Wirtschaft deutlich weniger Chancen für Frauen als für Männer, sowohl bei den Einstellungschancen als auch beim beruflichen Aufstieg und der Bezahlung. Unter anderem deshalb wurde das Allgemeine Gleichstellungsgesetz so massiv von der Wirtschaft bekämpft. Der Weg zur Gleichstellung ist noch weit. Wir werden keine Gleichstellung haben, solange es gesellschaftlich keine Selbstverständlichkeit ist, dass Männer und Frauen die gleiche Verantwortung für Kinder mit allen Konsequenzen für das Erwerbsleben zu tragen haben.

Aufgrund der demographischen Entwicklung besteht Hoffnung, dass sich das antiquierte deutsche Gesellschaftsbild schnell überholt, und wir endlich zu einer kinderfreundlichen Gesellschaft werden. Zudem muss auch zum Ausgleich des erwarteten demographischen Knicks der Erwerbsanteil von Frauen ohnehin erhöht werden, um das entsprechende Niveau bei der Anzahl qualifizierter Fachkräfte für ein adäquates Wirtschaftswachstum in Deutschland zu halten. Jüngere Menschen, insbesondere Frauen, werden sich erst dann für mehr Frauenerwerbsarbeit und mehr Kinder entscheiden, wenn in Deutschland die Rahmenbedingungen stimmen.

D.h. konkret:

- Arbeitsplatzsicherheit für Männer wie Frauen mit einem angemessenen Auskommen,

- gleiche berufliche Ein- und Aufstiegschancen,

- flexible, familienfreundliche Arbeitszeiten, welche nicht automatisch Teilzeitarbeit bedeuten, und

- gute, auf das Arbeitsleben abgestimmte, Kinderbetreuungsmöglichkeiten.

Im Portrait

Cornelia Yzer
Hauptgeschäftsführerin des
Verbandes Forschender Arzneimittelhersteller

Der Name Cornelia Yzer geisterte Ende der 90er Jahren förmlich über die Flure des Deutschen Bundestages: eine junge Frau, die eine gute Abgeordnete war, es schnell zur Staatssekretärin brachte und dann – dem Hörensagen nach – alles aufgab, um Geschäftsführerin eines jungen Verbandes zu werden. Eine Powerfrau? Oder eine Frau, die vor dem Politikgeschäft kapitulierte? Das Getuschel war immens: „...das ist diejenige, welche...", „eine ganz junge Frau", „die hat schon alles erreicht" – so wurde es meist hinter vorgehaltener Hand geflüstert. Dass männliche Abgeordnete sich dabei ein Augenzwinkern nicht verkniffen, um anzudeuten, dass diese Frau dazu auch noch gut aussähe, versteht sich fast von selbst. Die Interpretation dieses Augenzwinkerns überließ man den Zuhörern.

Tatsächlich ist sie eine zielstrebige Frau, die genau weiß, was sie will. Sei es ein Bundestagsmandat oder eine andere Führungsposition. Es verwundert wohl nur wenige, dass dies bei der männlichen Konkurrenz manchmal zu böser Nachrede führt. Bei einer solchen Karriere sind die Neider nicht fern: mit 28 Juristin beim Pharmakonzern Bayer, mit 29 Jahren Einzug in den Bundestag, mit 30 jüngste Staatssekretärin im Kabinett Kohl und schon fünf Jahre später der Wechsel auf den Chefsessel bei einem der einflussreichsten Verbände in Deutschland. Im Gespräch lacht sie viel, verdeutlicht klar ihren Standpunkt und vertritt mit Leidenschaft ihre Meinung – manche nennen das einen „Betonkopf". Vielleicht ist es aber auch einfach nur eine klare Vorstellung von den eigenen Zielen und ein Zeichen für einen resoluten Willen, diese Ziele auch zu erreichen.

Mit Siebenmeilenstiefeln an Vielen vorbei

Frauen klettern allein auf den Himalaja, werden Präsidentin des Bundesverfassungsgerichts, fliegen Überschalljets, führen Banken und stellen die kernigeren Fragen in unvermeidlichen Talkshows. Das, so hört man, überfordere Männer zunehmend. Ihr Koordinatensystem gerate immer mehr aus den Fugen. Kochshows hätten Hochkonjunktur, weil es Männer an die Schaltstellen des Herdes dränge.

Keine Frage, die Geschlechterfrage bleibt ein medialer Knüller und spätestens seit uns eine Bundeskanzlerin regiert, beschwören selbst einflussreiche und politisch besonnene maskuline Vermittlungsinstanzen eine heraufziehende „Männerdämmerung". Übersehen wird bei dieser „gefühlten" Frauendominanz, dass es nach wie vor leider nur einzelne Frauen sind, die die oberen Sprossen der Karriereleiter erklimmen. Ob sie Ausnahmeerscheinungen bleiben oder Trendsetter sind, wird die Zukunft zeigen.

Als Hauptgeschäftsführerin eines Industrieverbandes rüttelt mich die Anrede „Frau Yzer, meine Herren" jedenfalls längst nicht mehr auf, sondern zeigt mir nur, dass ich auch nach zehn Jahren noch die einzige Frau im Saal bin. Mit Erika Emmerich als Präsidentin des Verbandes der Automobilindustrie (VDA) ging 1996 die letzte Kollegin von Bord – ein Jahr vor meinem Eintritt in die Verbandslandschaft. Auch ein Blick auf meine Mitgliedsunternehmen weist deren Vorstandsetagen als weitgehend frauenfreie Zone aus. Man muss sich nichts vormachen: Verglichen mit anderen Industrieländern herrscht in Deutschland immer noch ein heimliches Patriarchat.

Frauen und politisch korrekte Männer sprechen in diesem Zusammenhang sogleich vom „Glass-Ceiling-Problem" und verbinden damit die Forderung nach Frauenförderung. Genauso wenig wie ich mich erinnern kann, jemals eine Glas-Decke durchbrochen zu haben, so wenig kann ich mich mit Frauenförderungsinstrumenten identifizieren. Das sage ich als Frau, die sich weit mehr Frauen in TOP-Positionen wünscht. Aber wer an die Spitze will, braucht Kraft und Durchhaltevermögen, Qualifikation und Kompetenz. Wer dies alles einbringt, will nicht mit neuen Hürden konfrontiert werden, die wohlgemeinte Frauenförderinstrumente schaffen oder durch Quotenregelungen in neuen Rechtfertigungszwang gebracht werden.

Ich hatte eine couragierte Großmutter, die mich sehr geprägt hat. Als ich in der Schule als Anerkennung für eine besondere Leistung Flauberts Madame Bovary bekam, schenkte sie mir die Biografie von Madame Curie. Ein Buch, das ich immer wieder gelesen habe, weil mich die Frau mit dem Radium als Teenager faszinierte. Mit den Suffragetten der Frauenbewegung ihrer Generation konnte meine Großmutter eher weniger anfangen. Aber sie hatte natürliche Autorität, stand wie ein Fels in der Brandung und wusste ihre Interessen und die ihrer Mitmenschen wahrzunehmen. Als Juristin habe ich später gelernt, dass meine Rechte dort enden, wo die Rechte anderer negativ betroffen sind. Warum soll ich also darauf warten, dass mir andere Rechte über Quoten zuteilen? Ich verkenne dabei nicht, dass es Schutzrechte gibt, die für Frauen in manchen Tätigkeitsfeldern bitter nötig sind. Aber müssen solche gesetzlichen Regelungen auch auf leitende Angestellte Anwendung finden?

Ohne den eisernen Willen, sich an die Spitze stellen zu wollen, kommt keiner voran – weder Mann noch Frau. Es gibt Menschen, die beklagen, dass ihre Talente verkannt werden. Sie warten darauf, dass sie gefragt werden und wundern sich nach 20 Jahren, dass sie immer noch nicht gefragt worden sind. Nein, man muss etwas wollen und das zum richtigen Zeitpunkt auch artikulieren. Ich kann mich gut erinnern, dass ich als junge Berufseinsteigerin in der chemischen Industrie eine Aufgabe bekam, die spannend war, mich jedoch nicht ausfüllte. Um mich herum saßen Kollegen mit vergleichbaren Aufgaben, die immer betonten, wie wichtig und anspruchsvoll ihre Arbeit ist. Natürlich habe ich mich zunächst gefragt, ob ich etwas nicht richtig begriffen habe. Dann habe ich aber nach wenigen Wochen allen Mut zusammengenommen, den Leiter meines Geschäftsbereichs um einen Termin gebeten und ihm erklärt, dass ich mich unterfordert fühle. Das Erstaunen auf seinem Gesicht habe ich bis heute vor Augen. Aber ich hatte von Stund an einen Förderer und neue herausfordernde Aufgaben ließen auch nicht lange auf sich warten. Es versteht sich von selbst, dass ich diese dann auch erfolgreich bewältigen musste, denn natürlich steht man bei einem selbst gesteckten Leistungsanspruch unter besonderer Beobachtung. Damit ist es mir aber sicher nicht anders ergangen als den meisten Frauen.

Bis heute müssen Frauen ihre fachliche Kompetenz sehr viel stärker unter Beweis stellen als Männer. Frauen sind sich dessen bewusst und stellen sich darauf ein. Sie profilieren sich sehr stark über sachbezogene Arbeit und sind definitiv die fleißigeren Arbeiterinnen. Männer leisten es sich, spätestens bei der dritten Nachfrage durchzufallen. Frauen leisten sich das nicht. Sie sind, im Unterschied zum Mann, bis zum Letzten präpariert. Egal, in welchem Tätigkeits- oder Fachbereich sie sich dabei einarbeiten müssen. Das gilt für die Politik genauso wie für das Management in der Wirtschaft. Frauen, das ist meine Erfahrung, können es sich einfach nicht leisten, auf der fachlichen Ebene Schwächen zu zeigen. Ein Mann, der „reinfällt", hat einen „schlechten Tag" erwischt, eine Frau, die fachlich schwächelt, gilt sofort als Fehlbesetzung oder als die falsche Wahl. Frauen entwickeln sich dadurch häufig zur Perfektionistin, und ich selbst muss bekennen, dass ich mir mit meinem latenten Hang zum Perfektionismus in den ersten Berufsjahren oft selbst im Weg gestanden habe. Ich habe Abende, Nächte und Wochenenden im Büro verbracht, um Vorgänge abzuarbeiten, während sich Männer längst die für sie wichtigen Erholungsphasen gönnten. Männer im Team verlassen sich gern darauf, dass ihr erster Aufschlag durch die Endfassung der Kollegin schon noch geglättet wird. Ich kann hier nur empfehlen, Grenzen zu setzen. Frauen sollten aufpassen, dass nicht sie die Arbeit und die Männer die Karriere machen.

Bei Bewerbungsgesprächen, die ich als Personalverantwortliche führe, begegnen mir gute und schlechte Bewerber. Ohne es mit statistisch harten Daten belegen zu können fällt mir dabei auf, dass ich bei weiblichen Bewerbern auf eindeutig schlechte und extrem gute Kandidatinnen mit hohem Commitment zu ihrem Beruf treffe. Darüber, wo das bei Männern weit verbreitete qualitative Mittelfeld bei Frauen verbleibt, lässt sich nur spekulieren.

Im Übrigen sehe ich kaum Unterschiede zwischen dem Auftritt und Verhalten von Frauen und Männern in der Arbeitswelt. Wer professionell an eine Aufgabe herangeht, muss bestimmte Anforderungen beachten. Eine strukturierte Herangehensweise an neue Aufgaben, der kühle Kopf in Krisensituationen, die Fähigkeit, aus Niederlagen Erfolge zu machen, gehören ebenso dazu wie Überzeugungskraft durch glaubwürdiges, aber auch selbstbewusstes Auftreten. Manche dieser für den beruflichen Erfolg unerlässlichen Verhaltensweisen werden traditionell als männlich eingestuft – mit der Folge, dass identisches Verhalten von Männern und Frauen vom Umfeld unterschiedlich bewertet wird. Hierin spiegelt sich kein Problem der Arbeitswelt, sondern die Realität gesellschaftlicher Wahrnehmung. Was bei Männern als gesunder Ehrgeiz wahrgenommen wird, gilt bei Frauen schnell als Verbissenheit. Männer mit Ecken und Kanten haben Charakter, vielleicht sogar Charisma. Bei Frauen wird vorsorglich Zickenalarm ausgelöst. Durchsetzungsvermögen als wesentlicher Bestandteil jedes Führungskräfteanforderungsprofils wird bei Frauen als Dominanz wahrgenommen. Na und? Natürlich gibt es das ganze Wertungsmuster auch noch in umgangssprachlicher Version für den mit weniger Selbstwertgefühl ausgestatteten Mann. Grundsätzlich gilt aber, dass man nicht zu viel Energie darauf verschwenden sollte, sich mit diesen Wertungswidersprüchen auseinanderzusetzen. Natürlich gilt es, die Balance zu wahren. Ohne Anstand, zivilisierte Umgangsformen, gegenseitigen Respekt und Toleranz kann man keine Menschen führen. Aber keiner sollte sich verstellen. Denn auch Authentizität ist Erfolgsfaktor. Im Zweifel werde ich lieber als „Flintenweib" wahrgenommen als „blond und doof". Den beruflichen Aufstieg müssen sich Männer wie Frauen nun einmal auch erkämpfen.

Dabei geht es nicht um ein Einzelkämpferdasein. Im Gegenteil, ohne Sparringspartner und Netzwerk geht es nicht. Es gab immer Menschen, die mir bei meinem beruflichen Weg zur Seite gestanden haben. Ich bin in einer Unternehmerfamilie groß geworden. Die Firma, ihre Mitarbeiter, die Kundschaft waren ständiges Thema bei uns – beim Frühstück, Mittag- und Abendessen. Gestört hat mich das nicht. Ich fand es spannend, auf diese Weise in die Erwachsenenwelt integriert zu sein. Die starke Unternehmerpersönlichkeit meines Vaters hat mich dabei wesentlich beeinflusst. Sein Leistungsanspruch an mich war hoch. Wissensdurst und Arbeitslust hat er in mir geweckt. Als Patriarch alter Schule hat er mir aber auch deutlich gemacht, dass Führungsanspruch und Fürsorgepflicht miteinander korrespondieren. So aufgewachsen begreife ich bis heute nur schwer die Diskussion über Work-Life-Balance, mit der Seminarveranstalter in diesen Tagen ihre Tagungsräume füllen. Wer Arbeit nicht als Teil seines Lebens und seiner Lebenserfüllung begreift, für den wird Karriere sicherlich zur Last.

Nach dem frühen Tod meines Vaters – ich stand zu diesem Zeitpunkt kurz vor dem Abitur – wollte ich so schnell wie möglich auf eigenen Füßen stehen. Meiner Mutter danke ich noch heute, dass sie meinen Drang nach Selbstständigkeit unterstützt hat, weil sie begriff, dass dies in dieser Lebensphase für mich wichtig war. Der Wunsch nach Unabhängigkeit hat mich dann auch nicht mehr losgelassen und immer wieder meine Entscheidungen bestimmt.

Damals bedeutete das für mich konkret Studium und Nebenjobs. Ich schrieb mich für Rechts- und Wirtschaftswissenschaften ein, arbeitete für

Stiftungen und Verbände und war zum Ausgleich ehrenamtlich in der Jungen Union und CDU aktiv. Mit einem solchen Programm lernt man effiziente Arbeitsorganisation ohne Multitasking-Lehrgänge. Offen gestanden frage ich Bewerber, die mir lupenreine Studienverläufe und exzellente Examenszeugnisse vorlegen noch heute: „Und was haben Sie sonst noch gemacht?" Dabei ist es mir egal, was der Einzelne getan hat. Aber dass jemand parallel zum Studium gearbeitet hat und/oder ehrenamtlich im Sport, im sozialen Bereich oder wo auch immer aktiv gewesen ist, sagt eine Menge über seine Belastbarkeit und sein gesellschaftliches Verantwortungsbewusstsein aus, das ich für eine Tätigkeit im Verbandsbereich für unerlässlich halte.

Verbandsarbeit hat zumindest heute nichts mehr gemein mit der weit verbreiteten Vorstellung Cocktail schwenkender Lobbyisten oder obskurer Treffen in verräucherten Hinterzimmern. Der Verband Forschender Arzneimittelhersteller ist aufgestellt als mittelständisches Dienstleistungs- und Consulting-Unternehmen. Dienstleistung und Beratung gegenüber Mitgliedsunternehmen und Entscheidern, das ist das Tagesgeschäft von 56 Mitarbeitern – Ökonomen, Mediziner, Juristen, Pharmazeuten, Journalisten und Chemiker mit hoher fachlicher Expertise und dem spezifischen Knowhow der Interessenvertretung, die interdisziplinär zusammenarbeiten. Denn das industrie- und standortpolitisch Notwendige zu formulieren fällt in der Regel leicht. Es in Einklang zu bringen mit anderen gesellschaftlichen Anliegen und damit politisch mehrheitsfähig zu machen, ist das Kerngeschäft der Verbandstätigkeit. Interessenvertretung ist legitim und ich bin überzeugt, dass bürgernahe Politik den Input unterschiedlichster Interessengruppen braucht. Denn ein Politiker muss sich die unterschiedlichen Anliegen auch vergegenwärtigen, um zu sachgerechten Entscheidungen zu kommen. Dies gilt gerade in Deutschland, wo der einzelne Abgeordnete personell spärlich ausgestattet ist und über keinen eigenen Beraterstab verfügt. Damit machen Verbände keine Politik und Lobbyisten sollten nicht so vermessen sein, dies für sich zu beanspruchen. Wer politische Entscheidungen treffen will, soll sich um ein Mandat bewerben. Zum Glück kennt Deutschland nicht die Lobbytradition der Pressure Groups. Ein deutscher Abgeordneter kann sehr wohl unterscheiden zwischen Beratung und Belästigung. Was in der Lobbyarbeit zählt sind valide Daten und Fakten.

Als junge Frau reizte mich die ehrenamtliche politische Tätigkeit. Man sagt mir nach, dass ich immer jemand gewesen bin, der sich eine Meinung bildet und für Positionen streitet. In der Tat weiß ich bis heute einen guten Streit in der Sache zu schätzen, finde ein rhetorisch gelungenes Wortgefecht belebender als einen Schlagabtausch auf dem Sportplatz und das weit verbreitete ausschließliche Streben nach Konsens befremdet mich. Minimalkonsens taugt nicht als tragfähiges Fundament für die Zukunft. Ich mag Leute mit Rückgrat, gerade auch wenn sie nicht meiner Meinung sind. Menschen, die den Weg des geringsten Widerstands gehen, regen mich dagegen auf. Interessenvertreter vermitteln Botschaften. Wie soll dies glaubwürdig gelingen, wenn ich das Anliegen nicht als persönliche Mission ansehe? Ich bin vor mehr als zwei Jahrzehnten in eine Partei eingetreten, deren Grundwerte ich teilte. Was mir an Einzelentscheidungen nicht passte, wollte ich durch mein politisches Tun verändern. Nicht anders darf man eine Management-Aufgabe verstehen, ohne persönliches Bekenntnis geht es nicht.

Über die Kontakte im politischen Feld bot sich mir auch die Gelegenheit, parallel zu meiner Referendarzeit als Mitarbeiterin im Büro eines Bundestagsabgeordneten tätig zu werden und ich griff zu. Ich hatte Glück. Mein damaliger Chef, Professor Dr. Otto Wulff, nahm die Referendarin ernst, diskutierte mit mir aktuelle politische Entwicklungen und vertraute mir Vorgänge zur selbstständigen Erledigung an. So lernte ich den parlamentarischen Alltag kennen. Vertrauensvorschüsse von Menschen, die ich achte, waren es, die mich im Laufe meines beruflichen Werdegangs immer motiviert haben. Ich kann mich gut erinnern an meine Referendarzeit. In dem Landgerichtsbezirk gab es einen bekannten Anwalt, der als der Doyen in der Region galt. Dort wollte ich zur Ausbildung hin. Ich kannte ihn nicht und rief ihn an. Über die forsche Ansprache war er wohl erstaunt, er machte übrigens auch keinen Hehl daraus, dass die Tätigkeit von Frauen in seiner Kanzlei unüblich sei, aber ich bekam meine Referendarstelle. Kein anderer hat sich so intensiv um meine Ausbildung bemüht wie dieser Anwalt. Er gab mir Fälle zur Bearbeitung, die das übliche Niveau während der Anwalts-Stage wohl überstiegen stets mit dem Hinweis: „Machen Sie mal, Sie können jeden Fehler machen, aber bitte nur einmal." Diese Handlungsmaxime habe ich übernommen.

Man muss Menschen auch Aufgaben geben, an denen sie wachsen können. Dies gilt gerade für Frauen, die häufig stärker von Selbstzweifeln geplagt sind als ihre männlichen Kollegen. Nun ist gegen eine selbstkritische Haltung nichts einzuwenden. Im Gegenteil: Wer eine Führungsposition anstrebt, gleich ob Mann oder Frau, sollte sich die Fähigkeit zur Selbstkritik erhalten, denn oben wird die Luft dünner und die Zahl der ehrlichen Kritiker überschaubar. Aber man darf sich dadurch nicht selbst blockieren. Es kommt auf das richtige Maß an. Dies gilt auch für die, für den beruflichen Erfolg unerlässliche Risikobereitschaft. Häufig haben Frauen einen sehr geradlinigen beruflichen Werdegang ohne Brüche. Sie versuchen, sich aus ihrer beruflichen Position heraus weiter zu entwickeln. Große Sprünge lassen sich damit nicht machen. Ich bin kein Hasardeur. Aber man darf sich nicht aus Sicherheitserwägungen oder pragmatischen Gründen heraus andauernd verkneifen, lustvoll nach den Sternen zu greifen.

Schon zu Beginn meines Studiums wusste ich, dass ich in der Wirtschaft tätig werden wollte. Dieses Ziel war erreicht, als ich nach meinem Studium für die Bayer AG tätig wurde und es ging gut voran. Mit 28 Jahren war ich Rechtsanwältin und leitende Mitarbeiterin in einem führenden deutschen Konzern. Aus dem damaligen Verständnis der Bayer-Kultur heraus eine gute Startposition für eine Jahrzehnte lang mit beamtenähnlichen Aufstiegschancen verbundene Tätigkeit in der Bayer-Familie. Doch es kam anders. 1990 entschloss sich mein früherer Chef und Förderer, Professor

Wulff, nicht erneut für den Bundestag zu kandidieren und ermunterte mich, als seine Nachfolgerin ins Rennen zu gehen. Zugegeben, lange gezögert habe ich nicht. Dazu war der Reiz, im ersten gesamtdeutschen Bundestag mitwirken zu können, zu groß. Als die Anti-Atomkraft- und die Friedensbewegung ein Jahrzehnt zuvor die Jugendlichen auf die Straßen trieb, hatte ich am 17. Juni mit einem Häuflein von Aufrechten für die deutsche Einheit vor dem Reichstag in Berlin demonstriert. Da gab es nun doch wohl keine Wahl, als den Hut in den Kandidatenring zu werfen. Im Unternehmen hat das mancher nicht verstanden.

Ein konservativer Wahlkreis gab mir als 29-jähriger Frau das Direktmandat. Natürlich waren es vor allem Mitstreiter aus der Jungen Union, die mich gepusht haben. Ein Team junger ehrenamtlicher Helfer hat mich über Monate hinweg fast rund um die Uhr begleitet. Aber ich bin auch gegen keine Betonmauer aus Establishment-Gegenwehr gelaufen, sondern wurde von alt gedienten Spitzenfunktionären der Partei zum Teil mit väterlich-freundschaftlicher Zuwendung, auf jeden Fall aber mit großer Loyalität getragen. Schließlich hatte man mich in der Partei „aufwachsen" sehen. Die Emanzipation manches Personalchefs soll ja mit dem Berufseintritt seiner Tochter beginnen. Ein wenig war das damals so in meinem Wahlkreis und dies hat mir sehr viel Sicherheit gegeben, denn natürlich hatte ich großen Respekt vor der neuen Aufgabe. Als Juristin hatte ich häufig mit der Formel argumentiert „nach dem Willen des Gesetzgebers...." Nun aber war ich selbst ein Mitglied dieses gesetzgebenden Gremiums. Ich war Berichterstatterin im Rechtsausschuss, ich musste Entscheidungen treffen. Das hat in mir ein Verantwortungsgefühl erzeugt, das mich angetrieben hat. Das alles war nicht geplant. Oder, um mit Henry Miller zu sprechen: „Leben ist, was uns zustößt, während wir uns etwas ganz anderes vorgenommen haben."

Ich muss einräumen, dass mir Karriereplanung bis heute fremd ist, auch wenn sich an dieser Stelle Coaches und Karriereberater mit Grausen abwenden werden. Doch das Leben hält immer wieder ungeahnte Optionen bereit und lässt sich nun einmal nicht mit einer Checkliste abarbeiten. Ich habe bis hin zu Vorstandsvorsitzenden Menschen erlebt, in der Regel Männer, die en detail schildern konnten, wie sie, dank ihrer visionären Planung, Stufen der Karriereleiter erklommen haben. Wenige Monate später waren sie Objekt eines Mergers und ihre Planung muss wie ein Kartenhaus zusammengefallen sein. Deshalb sollte man meinen Unwillen zur Karriereplanung auch nicht als Empfehlung zur Passivität missdeuten. Ich treffe permanent auf Leute, die ihre Lebensumstände beklagen, an denen sie angeblich nichts ändern können. Damit kann ich mich nicht abfinden. In dieser Phase des passiven Hinnehmens bin ich noch nicht angekommen. Ich bin aber überzeugt, wenn man mit sich im Reinen ist und keine Furcht vor dem Scheitern hat, kann man Möglichkeiten ergreifen, die das Silodenken eingefahrener Karriereplanungsbahnen nicht zulässt. So war auch mein nächster Karriereschritt nicht planbar.

Gut ein Jahr nach meinem Einzug in den Bundestag wurde ich zur Parlamentarischen Staatssekretärin berufen. Wieder habe ich dies als großen Vertrauensvorschuss empfunden. Wie anders sollte es auch sein, verdient haben konnte ich das Amt noch nicht. Es gibt viele, die Jahre oder sogar Jahrzehnte auf ein solches Amt hinarbeiten. Nun sprach mich der Bundeskanzler persönlich an. Als bekennende Kohl-Anhängerin hat mir dies persönlich viel bedeutet. Und auch die Zusammenarbeit mit meiner ersten Ministerin, Dr. Angela Merkel, sehe ich noch heute als persönlichen Gewinn. Zwei damals junge Frauen, die eine aus dem Osten, die andere aus dem Westen. Zumindest mir haben sich dadurch neue Erfahrungswelten erschlossen und es war für mich auch die erste Zusammenarbeit mit einer Frau in verantwortlicher Position.

Bis heute kann ich nur sagen, dass ich in der Zusammenarbeit mit Karrierefrauen durchweg positive Erfahrungen gemacht habe. Sie bringen volles Commitment für den Beruf mit und erweisen sich im Team damit als Treiber. Für mich hat sich die Zusammenarbeit mit Männern und Frauen nie grundsätzlich unterschieden, außer dass man sich in besonderen Belastungssituationen mit Frauen schnell durch einen gemeinsamen Macho-Spruch über das „Wir-gegen-den-Rest-der-Welt" verständigen kann. Aber Humor wirkt ja auch in der Zusammenarbeit mit Männern entlastend. Jedenfalls halte ich die weit verbreitete These, dass Frauen nicht mit Frauen zusammenarbeiten können, für falsch. Frauen in Führungspositionen sollten ihr entschieden entgegentreten, indem sie Fakten schaffen. Ich habe mich als Vorgesetzte nicht der Frauenförderung verschrieben, wenngleich inzwischen rund 50 Prozent der Mitarbeiter des Verbandes Forschender Arzneimittelhersteller Mitarbeiterinnen sind. Kompetenz und Leistungsbereitschaft sind die vorrangigen Auswahlkriterien und müssen es auch bleiben. Doch dort, wo es sich anbietet, würde ich immer auf gemischte Teams setzen.

Nach der Bundestagswahl 1994 wechselte ich als Parlamentarische Staatssekretärin in das Zukunftsministerium von Jürgen Rüttgers.

Sicher haben viele erwartet, dass ich mich vorrangig um Bildung und Wissenschaft kümmern würde, doch faszinierender waren für mich die Technologiefelder der Zukunft. Von Multimedia bis zur Aufholjagd in der Biotechnologie, von Nanotechnologie bis Luft- und Raumfahrt sowie die Mobilisierung eines Risikokapitalmarktes für Startup-Unternehmen in Deutschland. Sicherlich keine Themenfelder, die als klassisch weiblich gelten. Aber ich kann Frauen ohnehin nicht raten, sich den Themen zu verschreiben, die man immer schon den Frauen zugeordnet hat. In aller Regel sind sie weniger spannend, denn sonst hätte Mann sie längst besetzt. Für Mann und Frau sollte gelten, dass man im Berufsleben die Themen angeht, die einen interessieren, denn nur dann wird man sie dauerhaft mit einer Intensität bearbeiten können, die Erfolg verspricht.

In meiner Zeit im Zukunftsministerium baute ich auch erstmals meine beruflichen Kontakte international systematisch auf und aus. Dies ist sicherlich unerlässlich in einer Wissensgesellschaft, in der es darauf ankommt, verfügbares Knowhow schnell zu generieren, egal wo es steckt.

Das Surfen im World Wide Web reicht dazu nicht aus. Denn so wichtig Fakten sind, so wenig reichen sie aus, um Probleme umfassend zu bewältigen. Schwierige Situationen sollte man analytisch angehen. Aber letztendlich muss der Handlungskompass im Kopf und im Bauch stecken. Man muss eine Sache auch intuitiv erfassen und einschätzen können, wie andere Beteiligte einen Lösungsvorschlag wahrnehmen und reagieren werden. Gelingen kann das nur, wenn ich die Werteskala und das sie prägende kulturelle Umfeld zumindest im Ansatz erfassen kann. Dieses liegt in Zeiten der Globalisierung nun einmal häufig außerhalb Deutschlands. Insofern wundert es mich, dass weibliche Lebensläufe tendenziell immer noch weniger Auslandsbezüge aufweisen als die der Männer. Optimal ist sicher, wenn jemand einzelne Stationen seines Lebens auf unterschiedlichen Kontinenten verbracht hat, was ich selbst nicht bieten kann. Aber da man nicht alles haben kann, sollte man zumindest jede Chance zum interkulturellen Lernen ergreifen. Man kann sogar schon in Deutschland damit anfangen.

Die Technologiewelt war meine Welt und ist sie geblieben. Deshalb griff ich zu, als ich 1997 noch während der laufenden Legislaturperiode das Angebot bekam, als Hauptgeschäftsführerin in den Verband Forschender Arzneimittelhersteller (VFA) einzutreten. Diesen Schritt hat allerdings kaum jemand verstanden. Das Amt, das ich hatte, setzt man nach landläufiger Meinung doch nicht einfach aufs Spiel. Doch mich reizte die neue Aufgabe in einer hoch innovativen Branche, und es war Zeit für den Aufbruch, wenn ich nicht als Berufspolitikerin enden wollte. Es muss Einzelne geben, die fast ihr gesamtes berufliches Leben als Politiker verbringen. Das Gros aber sollte sich auf einen Wechsel einstellen, denn als Politiker hat man ein Mandat auf Zeit. Ich plädiere für einen Wechsel zwischen den Welten, sozusagen für einen kontinuierlichen Blutaustausch zwischen Politik und Berufswelt. Aus dieser Auffassung habe ich nie einen Hehl gemacht. Bis zur Niederlegung meines Amtes hat mir das nur keiner geglaubt.

Menschen, die meinen politischen Werdegang begleitet haben, habe ich mit meinem Ausstieg aus der Politik enttäuscht, was ich bedauere. Menschen, die mich nicht kannten, witterten Verrat. Dies hat mich damals tief getroffen und lange beschäftigt, zumal sich an meinem „Fall" eine Debatte um die seit Jahrzehnten geltende Regelung zu Übergangsgeldern für Minister und Parlamentarische Staatssekretäre entfachte, die schließlich zu einer Neuregelung führte. Diese betraf mich nicht, da ich ohnehin auf das Geld verzichtet hatte, aber die öffentliche Diskussion hat Spuren hinterlassen. Heute würde ich mit dem Thema anders umgehen, denn eines ist mir klar geworden: Jeder muss seinen Weg gehen auch gegen Widerstände und entscheidend ist nicht die veröffentlichte Meinung, sondern die Frage, wie man sich selbst im Spiegel betrachtet. Aber wer eine führende Aufgabe annimmt, muss sich daran gewöhnen, auch höchstpersönliche Entscheidungen kommunizieren zu müssen. Egal, ob man das mag oder nicht.

Und noch etwas ist mir aufgefallen: Männer haben meinen Ausstieg aus der Politik noch weniger verstanden als Frauen. Eine Erklärung ist für mich, dass Männer Statussymbole lieben. Titel, Orden, Ehrenzeichen, die mir wenig bedeuten und den meisten Frauen, die ich kenne, eben so wenig, haben für Männer hohen Wert. Auf meiner Visitenkarte prangt kein „*Parlamentarische Staatssekretärin a. D.*" Name-dropping, das heute bis zum peinlichen Exzess betrieben wird, ist eine Spezialität von Männern. Männer sammeln Beiräte und Aufsichtsgremien wie Briefmarken. Ein Blick ins „Who is Who" oder vergleichbare Werke macht dies deutlich. Ich nehme vereinzelt auch solche Mandate wahr, aber nur wenn mich eine Aufgabe interessiert und ich sie von meinem Zeitbudget her auch ausfüllen kann. Die Frauen, die ich kenne, handhaben dies ebenso. Dies scheint aber nicht die, jeden Mann bewegende Frage zu sein und ist möglicherweise eine der Ursachen für die aktuelle Debatte über Aufsichtsratstätigkeiten und die Qualität ihrer Wahrnehmung. Aber man darf nicht verkennen, dass Männer durch solche Mitgliedschaften Omnipräsenz dokumentieren, selbst dann, wenn sie nur selten physisch erscheinen. Zudem ist es probates Mittel, Netzwerke zu pflegen, die auch ich für unerlässlich halte.

Da der Mensch ein nur sehr begrenzt autarkes Wesen ist, braucht er Beziehungen. Das gilt für alle Lebensbereiche also auch für den Beruf. Seit der Begriff „Beziehungen" ein Geschmäckle bekommen hat, sprechen wir von Netzwerken. Offensichtlich soll hier etwas eigenständig Erarbeitetes dokumentiert werden. Und in der Tat geht es um Arbeit, weshalb ich auch Netzwerke, die durch Freizeitaktivitäten von Golf bis Weinprobe bestimmt werden, für entbehrlich halte. Betriebs- und Aufsichtsräte von VW haben bekanntlich ein herausragendes Beispiel dafür geliefert, wie weit man es bei der Netzwerkarbeit nicht treiben darf.

Seitdem Networking als Management-Kompetenz entdeckt wurde, sprießen Netzwerke wie Pilze aus dem Boden. Wer nicht kostbare Zeit verschwenden will, muss Prioritäten setzen. Da sind zum Einen die gewachsenen Netzwerke bestehend aus früheren Mitarbeitern, Kollegen und Vorgesetzten, die man natürlich am liebsten pflegt, da sie auch Ausdruck persönlicher Bindung sind, die ich auch für wichtig halte. Despektierlich werden solche Netzwerke auch Seilschaften genannt, obwohl jeder Bergsteiger weiß, dass die Seilschaft die Lebensversicherung sein kann. Im Übrigen gilt, Netzwerke sind dann sinnvoll, wenn alle Teilnehmer davon profitieren können, weil sie für jeden Einzelnen relevante Informationen und Kontakte mit sich bringen. Daraus folgt bereits, dass sich das richtige Netzwerk am eigenen Tätigkeitsbereich und Aktionsfeld orientiert und daraus auch der richtige Personenkreis folgt. Daher bin ich persönlich auch keine Anhängerin von Frauennetzwerken. Wer mag, soll daran teilhaben, aber offen gestanden habe ich Clubs, die ausschließlich Männer als Mitglieder akzeptieren, stets für überkommene Institutionen gehalten, die nur durch eines gerechtfertigt sind: die Tradition. Ich glaube, dass wir als Frauen nicht gut beraten sind, auf einen Zug der Vergangenheit aufzuspringen. Der Berufsalltag erfordert das Zusammenwirken von Männern und Frauen, da ansonsten Potentiale brach liegen. Diese Kooperation gilt es zu befördern.

Für Berufs- oder auch Brancheneinsteiger mag es nicht immer leicht sein, den Einstieg in das richtige Netzwerk zu finden. Mancher etablierte Gesprächskreis hat durchaus aus guten Gründen Zugangsbeschränken oder er nimmt Neumitglieder nur auf Empfehlung auf. Davon sollte man sich nicht abschrecken lassen, sondern selbst initiativ werden und sei es, dass man den Generationswechsel durch einen neu gegründeten Hintergrundkreis einleitet.

Als ich vor 10 Jahren in den Verband Forschender Arzneimittelhersteller eintrat, war die Gesundheitspolitik als Kerngebiet der VFA-Arbeit für mich ein neues Feld. Ich habe mich systematisch eingearbeitet und die wichtigsten Akteure als Ansprechpartner identifiziert. Meine Erfahrung ist, dass sich keiner einem Gespräch verweigert, wenn man ihn offen und sachbezogen anspricht. Lästig sind nur inhaltslose Kennenlerntermine. Zeit ist kostbar, die eigene ebenso wie die anderer, man sollte sie nicht verschwenden.

Relativ schnell war mir auch der Dschungel gesundheitspolitischer Regulierungen vertraut. Dies beweist, dass man vor einem Branchenwechsel, der bei Frauen nach wie vor eher die Ausnahme ist, nicht zurückschrecken sollte. Wer von seinen Managementqualitäten überzeugt ist, sollte vor der in einer neuen Branche geforderten fachlichen Expertise zwar Respekt haben, sie aber nicht als unüberwindbare Hürde ansehen. Gerade in technologiegetriebenen Branchen veraltet Wissen schneller als je zu vor. Die Innovationszyklen werden kürzer, wer Erfolg haben will ist in einem ständigen Lernprozess. Warum sollte man sich dann nicht auch immer einmal wieder entscheiden, etwas völlig Neues anzugehen? Wenn die Mission stimmt, darf man vor der Herausforderung nicht zurückschrecken. Ich habe mich damals für die Pharmaindustrie entschieden, weil sie die Hightech-Branche schlechthin ist. Keine andere innovative Industrie rein-

vestiert einen so hohen Teil ihres Umsatzes in Forschung und Entwicklung wie forschenden Arzneimittelhersteller. Die Tatsache, dass von den
heute 30.000 bekannten Krankheiten nur 10.000 adäquat therapierbar
sind, belegt den hohen Forschungsbedarf, aber auch die Erwartungen der
Menschen an medizinischen Fortschritt. Wer von uns hofft nicht, dass
Krankheiten, deren Diagnose heute ein Todesurteil bedeuten, zu chroni-
schen Erkrankungen oder gar heilbar werden. Die pharmazeutischen Produkte erwartet ein globaler Wachstumsmarkt, denn schließlich wollen wir
alle gesund alt werden. Damit der medizinisch-therapeutische Fortschritt
die Menschen erreichen kann, brauchen wir ein innovationsoffenes Umfeld. Dafür einzutreten ist einen hohen persönlichen Einsatz wert.

Cluster 3
Gemeinnütziges Lobbying

Noch immer ist die politische Kommunikation in Deutschland durch die Aktivitäten von Verbänden geprägt. In Deutschland gibt es aktuell 13.941 eingetragene Interessengruppen. Die Verbandsliste beim Deutschen Bundestag weist auf 636 Seiten einen Großteil der Interessenvertretungen aus. In Berlin sind es derzeit 1.847 registrierte Verbände, die Einfluss auf das politisch-parlamentarische Geschehen nehmen wollen[16] und damit deutlich mehr als noch in der ehemaligen Bundeshauptstadt Bonn. Betrachtet man diese Zahlen, denkt man zunächst, dass es sich dabei ausschließlich um wirtschaftliche Interessenvereinigungen wie den Bundesverband der Deutschen Industrie (BDI), den Bundesverband der Deutschen Musikgerätehersteller (BDMH) oder den Deutschen Verein für Gesundheitspflege (DVG) handelt. Doch diese Organisationen sind nicht die einzigen, die die Interessen ihrer Mitglieder oder Unterstützer bündeln und gegenüber den verschiedenen Stakeholdern wie der Politik und der Öffentlichkeit vertreten. Auch gemeinnützige Organisationen nutzen die gleichen Kanäle und Instrumente, um für ihre Anliegen Gehör zu finden. Dabei sind die registrierten gemeinnützigen Organisationen genauso kunterbunt wie die kommerziellen Interessenvertreter und die vertretenen Interessen reichen von der „Förderung der gemeinsamen Verantwortung von Vätern und Müttern", die durch den „Väter für aktive Vaterschaft e.V." vertreten werden, über die Europa-Union, die sich als überparteiliche Organisation für ein vereintes Europa engagiert, bis hin zu so bekannten Organisationen wie Greenpeace und Transparency International.

---

[16] Von diesen Verbänden waren 548 in Berlin entweder mit ihren Hauptgeschäftsstellen (330) oder rein politischen Verbindungsbüros bzw. Nebengeschäftsstellen (218) vertreten – Tendenz steigend. Zahlen aus dem Jahr 2004.

In der öffentlichen Diskussion wird meist zwischen kommerzieller und nicht-kommerzieller Interessenvertretung unterschieden. Bei dieser Unterscheidung geht man davon aus, dass gemeinnützige Organisationen den breiten Willen der Öffentlichkeit vertreten und daher demokratisch legitimierter seien als Lobbying-Aktivitäten von kommerziellen Organisationen, die als partikulare Interessenvertretung erscheinen. Ein weiterer Grund für den positiven Rückhalt in der öffentlichen Wahrnehmung ist wohl auch, dass hinter non-govermental Organsiationen (kurz NGOs) in der Regel nicht die finanziellen Ressourcen stehen, die wirtschaftliche Interessenvereinigungen zu bieten haben. Dafür verfügen gerade große, schlagkräftige Organisationen über ein hohes Mobilisierungspotential in der breiten Öffentlichkeit, denn wer möchte nicht für sich in Anspruch nehmen, den Umweltschutz, Tierschutz oder sonst ein gemeinnütziges Interesse zu unterstützen.

Die Organisation von öffentlichem Protest und die Bindung von aktiven Mitgliedern erfordern angesichts der vielfältigen konkurrierenden Angebote und Interessen heute mehr Professionalität als dies früher der Fall war. Gemeinnützige Organisationen beschäftigen deshalb zunehmend Spezialisten oder bilden ihre aktiven Unterstützer in den verschiedenen Einsatzbereichen fort, um durch steigende Professionalität einen besseren Zugang zu Ansprechpartnern in der Administration und der Politik zu gewährleisten. Als Mehrwert bieten gut organisierte NGOs beispielsweise kompetente Teilnehmer für Anhörungen zu Fachthemen und wissenschaftlich fundierte Stellungnahmen. Sie sind aber nicht mehr nur Mahner gegenüber der Politik, sondern verstehen sich zunehmend auch als Informationsdienstleister.

Im Portrait
Dagmar Schröder-Huse
Geschäftsführerin
Transparency International Deutschland e.V.

Mitten zwischen Umzugskartons steht eine junge Frau mit einem kleinen Baby auf dem Arm in ihrer Wohnung. Umzugshelfer laufen durch die Zimmer, eingepackte Bilder lehnen an den Wänden, Möbel sind auseinandergebaut: Ein großer Umzug. Mittendrin wie ein Fels in der Brandung steht Dagmar Schröder-Huse. Als hätte sie nie etwas anderes getan als Kinder gehütet und große Umzüge organisiert, so regiert sie das Chaos.

Doch es ist ein ganz ungewohntes Bild, denn eigentlich kennt man Dagmar Schröder-Huse eher im Hosenanzug. Als Vertreterin einer Nicht-Regierungs-Organisation stürzte sie sich in Sitzungen, führte Gespräche und leitete Diskussionen. Sie besticht ihre Gesprächspartner durch ihre junge, frische Art, ihren Charme, aber auch durch ihre Bestimmtheit. Eine Frau, die weiß, was sie will – mitten auf dem politischen Parkett.

Ein Zusammentreffen mit der Thüringerin gestaltet sich in der Regel ganz unkompliziert, denn sie formuliert ganz klar, was sie von ihrem Gegenüber erwartet. Dabei ist sie auch nicht schüchtern, wenn derjenige über dreißig Jahre älter ist. Als Geschäftsführerin von Transparency International hat sie schnell gelernt, dass der anerzogene Respekt gegenüber grauen Anzügen einen nicht daran hindern darf, schwierige Themen offen anzusprechen, denn sonst verliert man seine Glaubwürdigkeit gegenüber politischen Ansprechpartnern, aber auch gegenüber den vielen Freiwilligen im eigenen Team.

Mit Mut andere Wege beschreiten

Wann immer ich nach meinem Beruf oder insbesondere nach meiner Position gefragt wurde, erhielt ich auf meine Antwort erstaunte, bewundernde und manchmal auch etwas zweifelnde Reaktionen, wie zum Beispiel: „So jung und schon Geschäftsführerin?" oder „Der erste Job und dann gleich Geschäftsführerin? Das ist ja ein Karrieresprung von Null auf Hundert...". Vielleicht eine durchaus verständliche Reaktion auf die Tatsache, dass ich als junge Frau die Geschäfte einer Nichtregierungsorganisation (NRO) übernommen hatte, die sich nicht unbedingt mit emotionalen Themen wie hungernden Kindern oder benachteiligten Frauen auseinandersetzt.

TRANSPARENCY INTERNATIONAL e.V. (kurz: TI) ist eine gemeinnützige und unabhängige, weltweit in über hundert Ländern agierende Nichtregierungsorganisation, die sich seit 1993 die Prävention und Bekämpfung von Korruption zum Ziel gesetzt hat. Sie sucht Koalitionen mit allen als potenzielle Täter oder Opfer betroffenen gesellschaftlichen Gruppen, vor allem mit Politik, Öffentlichem Dienst, Wirtschaft und Zivilgesellschaft. Gestützt auf ein wachsendes öffentliches Bewusstsein für die ethische und ökonomische Schädlichkeit der Korruption und für die Wichtigkeit ihrer Bekämpfung setzt TI sich für grundlegende Reformen ein. Strukturen und Rahmenbedingungen sollen so verändert werden, dass Korruption möglichst gar nicht erst entsteht.

Die deutsche Sektion von TI ist als eigenständiger, gemeinnütziger Verein organisiert, der seinen Sitz in Berlin hat. Dem Verein gehören mittlerweile über 800 Einzelmitglieder an, die sich ehrenamtlich für Transparency Deutschland engagieren. In der Geschäftsstelle sind drei hauptamtliche Mitarbeiter und zwei Praktikanten tätig.

Mein Lebensmotto: „Nur Mut!"

Es bedurfte damals einiger Überredungskünste durch meinen Freund bis ich meine Bewerbungsunterlagen für die ausgeschriebene Position der Geschäftsführung von Transparency International Deutschland schließlich abschickte. Ich hatte aufgrund meines Alters (damals 26 Jahre) und der fehlenden Berufserfahrung erhebliche Zweifel am Erfolg dieser Bewerbung. Im Grunde war ich zwar davon überzeugt, dass ich den Job würde meistern können, nur glaubte ich nicht daran, dass die Entscheidungsträger bei TI das auch so sehen würden. Ich hatte zu diesem Zeitpunkt erfolgreich mein Magisterstudium in den Fächern Politikwissenschaft, Kommunikationswissenschaft und Jura an der Georg-August-Universität in Göttingen abgeschlossen. Ein Jahr meiner regulären Studienzeit hatte ich als ERASMUS-Studentin in Paris verbracht. Nach meinem Magisterabschluss in Göttingen absolvierte ich mit Unterstützung eines Stipendiums des Deutschen Akademischen Austauschdienstes (DAAD) einen Sprachkurs im fernen Sibirien. Nach nur einem Tag Aufenthalt in Deutschland flog ich anschließend direkt nach New York weiter, um an der New York State University einen Aufbaustudiengang in den Fächern Business, Marketing und Public Relations zu beginnen. Das Programm wurde von der Carl-Duisberg-Gesellschaft (CDG) organisiert und finanziell vom Auswärtigen Amt unterstützt. Ursprünglich hatte ich gehofft, dass bestenfalls eine der beiden Bewerbungen für einen weiteren Auslandsaufenthalt erfolgreich sein würde. Da ich aber sowohl vom DAAD als auch von der Carl-Duisberg-Stiftung einen positiven Bescheid erhielt, entschloss ich mich schließlich, beide Programme zu absolvieren. Im Nachhinein betrachtet, war dies eine sehr gute Entscheidung, denn sowohl meine Erfahrungen in Russland als auch das erlernte Wissen in den USA waren später wichtige Voraussetzungen für den Erfolg meiner Bewerbung als Geschäftsführerin bei Transparency Deutschland. So erlebte ich in Russland zum ersten Mal am eigenen Leibe, was Korruption bedeutet und wie sehr sie den Menschen schadet. Diese Erfahrungen motivierten mich, mein Wissen über die Bekämpfung und Prävention von Korruption durch Internetrecherchen weiter zu vertiefen. Und auf diesem Wege erfuhr ich von Transparency International, einer zivilgesellschaftlichen Organisation, die sich weltweit dem Kampf von Korruption widmet und ihren Hauptsitz in Berlin hat. Meine Neugier war geweckt und ich nahm mir vor, mich mit der Arbeit dieser Organisation genauer zu beschäftigen.

Ausschlaggebend für meine Überzeugung, mit so jungen Jahren eine Geschäftsstelle leiten zu können, waren jedoch auch meine vielfältigen Erfahrungen aus Praktika. Schon sehr früh während meiner Studienzeit hatte ich damit begonnen, mich aus eigener Initiative um Praktika in spannenden Bereichen zu bewerben. Anfangs war ich sehr an einer journalistischen Karriere interessiert und absolvierte daher Praktika sowohl bei verschiedenen Zeitungen als auch beim Fernsehen und Hörfunk. Die dabei gesammelten Erfahrungen hatten zwar zur Folge, dass ich mich gegen eine journalistische Laufbahn entschied. Gleichwohl hatte ich so einen guten Einblick in die Medienarbeit bekommen, was sich immer wieder als vorteilhaft erwies. Anschließend verbrachte ich einige höchst interessante Monate als Praktikantin im Team der Redenschreiber des damaligen Thüringer Ministerpräsidenten Bernhard Vogel. Der für mich zuständige Betreuer übergab mir von Anfang an herausfordernde Projekte und ermöglichte mir einen echten Einblick in die täglichen Aufgaben einer Staatskanzlei.

Im Anschluss an mein ERASMUS-Studium in Paris arbeitete ich sechs Monate als Praktikantin in der Abteilung für Messe- und Veranstaltungsmanagement des europäischen Satellitenbetreibers EUTELSAT. Auch dieses Praktikum war ein voller Erfolg, unter anderem weil ich auch hier rasch Verantwortung übernehmen durfte und voll in den täglichen Geschäftsablauf integriert wurde. Neben den verschiedenen Praktika war ich immer bestrebt, meine erworbenen Sprachkenntnisse anzuwenden und arbeitete daher während meines Studiums häufig als Übersetzerin für verschiedene Firmen während Messen und Veranstaltungen im In- und Ausland. Da ich auch bei Vertragsverhandlungen übersetzte, bekam ich dabei nicht nur einen guten Einblick in verschiedene Industriebereiche, sondern konnte auch Verhandlungsstrategien und -taktiken in der Praxis erleben.

Meine letzte Erfahrung als Praktikantin machte ich in der Abteilung für Corporate Affairs bei der PR-Agentur Edelman in New York City. Hier kam ich zum ersten Mal mit dem Thema Corporate Social Responsibility in Berührung, ein Begriff der meine spätere Tätigkeit bei Transparency Deutschland oft begleitete.

Diese vielfältigen Praktikumserfahrungen und Auslandsaufenthalte haben sowohl meine berufliche als auch meine persönliche Entwicklung stark geprägt. Sie halfen mir nicht nur bei der beruflichen Orientierung, die für Absolventen der Sozial- und Geisteswissenschaften wohl wichtiger ist denn je. Durch sie habe ich auch gelernt, Herausforderungen ohne Scheu anzunehmen, Niederlagen zu verkraften und mit Verantwortung umzugehen.

Ausschlaggebend für meine Einstellung als Geschäftsführerin war neben den beschriebenen praktischen Erfahrungen nicht zuletzt die Tatsache, dass ich zu diesem Zeitpunkt bereits seit einem halben Jahr für Transparency Deutschland ein Projekt betreute und darüber hinaus ehrenamtlich aktiv war. Ich war daher mit der Organisation und ihrem Betätigungsfeld bereits gut vertraut. Dennoch hätte ich mich unter den Bewerbern für die Position der Geschäftsführung sicher nicht durchgesetzt, wenn nicht der damalige Vorsitzende der Organisation überzeugt gewesen wäre, diese verantwortungsvolle Führungsrolle einer so jungen Frau anvertrauen zu wollen. Er war es dann auch, der mich in den folgenden Jahren als Mentor bei meiner Arbeit unterstützte und begleitete und sehr viel von seinen Erfahrungen und seinem Wissen an mich weitergab. Ohne ihn wären diese fünf Jahre wahrscheinlich nicht so erfolgreich für mich gewesen. Zu den Voraussetzungen für eine erfolgreiche berufliche Karriere gehören aber meines Erachtens neben etwas Glück auch besonderes Engagement, ein unermüdlicher Wissenshunger und sicher auch ein bisschen Mut.

Sicher ist mein Karrierestart eher außergewöhnlich verlaufen, so außergewöhnlich, dass die eine oder andere Zeitung sogar darüber berichtet hat. Und nach fast fünf Jahren in dieser Rolle kann ich durchaus stolz auf das Geleistete zurückblicken. Während dieser Jahre haben sich die Einnahmen verdoppelt und die Anzahl der Mitglieder und Spender verdreifachte sich. Darüber hinaus erfreut sich Transparency International jetzt auch in Deutschland eines hohen Bekanntheitsgrades und viel Aufmerksamkeit in Politik und Öffentlichkeit. Im Jahr 2005 wurde die Organisation für ihre Kommunikationsleistung in den deutschen Medien sogar mit dem 2. Platz des Media Tenor NGO Award ausgezeichnet.

Strippenziehen als NRO: punktuelle Lobbyarbeit

Meine Rolle als Geschäftsführerin von Transparency Deutschland habe ich als sehr vielseitig und abwechslungsreich empfunden. Selbst die vielen Stunden, die ich am Abend und an Wochenenden im Büro oder auf Konferenzen verbrachte, trübten meine Begeisterung für meine Arbeit nie. Anfangs galt es vor allem mein Fachwissen über Korruptionsprävention und -bekämpfung zu erweitern. Hier konnte ich enorm von dem Wissen und den Erfahrungen der Ehrenamtlichen im Vorstand und in der Mitgliedschaft profitieren. Zu meinen Aufgabenfeldern als Geschäftsführerin gehörten dann vor allem die Zusammenarbeit mit Ehrenamtlichen aller Alters- und Berufsgruppen, die Entwicklung und Umsetzung einer Strategie, die Führung eines – wenn auch kleinen – Teams in der Geschäftsstelle, Fundraising und Finanzmanagement, Presse- und Öffentlichkeitsarbeit, die Kommunikation mit der TI-Zentrale und anderen nationalen TI-Sektionen in der Welt und natürlich der Auf- und Ausbau von Netzwerken, aber auch Lobbyarbeit und Politikberatung. Darüber hinaus musste ich rasch als Interviewpartnerin und Mediensprecherin fungieren.

Diese Palette von Aufgaben galt es mit einem winzigen Budget von ca. 200.000 Euro pro Jahr zu bewerkstelligen. Das bedeutete letztendlich, dass klassische Lobbyarbeit wie sie von großen Konzernen, Verbänden oder mittlerweile auch von finanzstarken Nichtregierungsorganisationen betrieben wird, gar nicht möglich war. Als Organisation, die mit drei Angestellten und zwei Praktikanten auskommt und ansonsten auf die Unterstützung von Ehrenamtlichen angewiesen ist, mangelt es sowohl an finanziellen als auch an personellen Kapazitäten, um kontinuierlich Lobbykontakte zum Parlament oder den Ministerien zu pflegen. Deshalb blieb nur die Option der „punktuellen Lobbyarbeit", die gleichzeitig zur Strategie wurde. Das heißt, wann immer ein für TI wichtiges Thema im politischen Raum auf der Agenda war oder auf die Agenda gebracht werden sollte, versuchten wir gezielt durch persönliche Einzelgespräche, das Einreichen von Stellungnahmen oder öffentlichkeitswirksame Kampagnen – meist in Zusammenarbeit mit anderen Nichtregierungsorganisationen – Einfluss zu nehmen.

Aufgrund der geringen Ressourcen, die TI zur Verfügung standen, war es immer von Vorteil, wenn die Aufmerksamkeit der Öffentlichkeit für ein bestimmtes Thema bereits geweckt war und TI sozusagen nur noch auf einen „fahrenden Zug aufspringen musste". So zum Beispiel als 2004 die Medien eine Reihe von Skandalen über fragwürdige Nebenbeschäftigungen und enorme Zusatzgehälter bei Bundestagsabgeordneten aufgedeckt hatten. Als Reaktion auf diese Enthüllungen rief TI zusammen mit der Online-Kampagnen-Organisation Campact e.V eine äußerst erfolgreiche Kampagne für mehr Transparenz bei den Nebenbeschäftigungen und Einkünften von Bundes- und Landtagsabgeordneten ins Leben, die schließlich dazu beitrug, dass die entsprechenden gesetzlichen Vorschriften auf Bundesebene deutlich verschärft wurden. Auch die Kampagne für die Einführung eines Informationsfreiheitsgesetzes (IFG), welches Bürgern Einsicht in Verwaltungsakten erlauben sollte und die TI zusammen mit den Journalistenverbänden DJV und dju sowie mit der Humanistischen Union und netzwerk recherche organisierte, führte zum Erfolg. Gleichwohl war es viel schwieriger, das eher „trockene" Thema Informationsfreiheit auf die öffentliche Agenda zu bringen. TI gelang es jedoch in beiden Fällen, durch Koalitionen mit anderen Organisationen und Verbänden die Kräfte strategisch zu bündeln und damit seine knappen Ressourcen gezielt und erfolgreich einzusetzen. Ein anderes Beispiel betrifft die Korruption im privaten Sektor. Bis zum Bekanntwerden der weitreichenden Korruptionsskandale bei deutschen Firmen wie VW oder Siemens haben sich die deutschen Medien kaum für diese Form der Korruption interessiert und den Blick stattdessen ausschließlich auf den öffentlichen Sektor gelenkt. Obwohl TI seit Jahren auf die enorme Verbreitung und die Schädlichkeit von korruptem Verhalten durch Firmen hingewiesen hatte, gelang es TI erst durch diese Skandale seine Forderungen für stärkere Korruptionsprävention in der Wirtschaft auf die öffentliche A-genda zu bringen.

Der Hauptgrund, warum TI mit dieser Strategie des „punktuellen Lobbying" trotzdem sehr oft erfolgreich war, liegt nach meiner Einschätzung zum einen an der großen Glaubwürdigkeit, die Nichtregierungsorganisationen mittlerweile genießen. Ihre Überzeugungen und Meinungen werden gerne abgefragt. Sehr oft traten Abgeordnete, Ministerialbeamte und Unternehmer aus eigener Initiative an TI heran, um sich Rat zu holen. Obwohl TI anfangs in der deutschen Öffentlichkeit kaum bekannt war, wurde die Organisation von Beginn an bereits als seriöser Gesprächspartner in Parlament und Regierung sehr geschätzt. Dies liegt zum großen Teil daran, dass TI nicht aus einer Massenbewegung heraus entstanden ist. Am Anfang standen vielmehr einige wenige, aber sehr einflussreiche Herren an der Spitze der Organisation, die ihr Anliegen schon in der Gründungsphase an den höchsten Stellen zu Gehör bringen konnten. Darüber hinaus war der von TI entwickelte Grundsatz der „Koalition statt Konfrontation" von großem Vorteil, wenn es darum ging, Türen zu Entscheidungsträgern zu öffnen. Mittlerweile praktizieren die meisten ernst zu nehmenden Nichtregierungsorganisationen diese Form der Koalitionsbildung und haben ebenfalls Erfolg damit.

Da Korruption alle Bereiche der Gesellschaft betrifft, ist die breite Netzwerkbildung für TI natürlich unerlässlich. Das „Strippenziehen" bedeutete für mich daher auch die Kontaktpflege zur Wirtschaft, zu Stiftungen und wissenschaftlichen Instituten sowie in den letzten Jahren vermehrt zu anderen zivilgesellschaftlichen Organisationen und Verbänden. Insbesondere in den Aufbau eines Netzwerkes mit anderen Nichtregierungsorganisationen habe ich viel Energie investiert, da ich diesen für ziviligesellschaftliche Organisationen klassischen Koalitionspartner bei TI bis dahin etwas vermisste. Persönlich habe ich durchaus positive Erfahrungen als „Strippenzieherin" gemacht. Da es mir leicht fällt, mit anderen Menschen ins Gespräch zu kommen und ich die Ziele „meiner" Organisation überzeugend vermitteln konnte, lag mir diese Rolle sehr. In vielen Fällen verspürte ich bei meinen Gesprächspartnern sogar Bewunderung, nachdem diese anfangs etwas zweifelten, ob sie ihr wichtiges Thema tatsächlich mit einer jungen und ihrer Meinung nach unerfahrenen Frau besprechen sollten, dann aber Kompetenz und Seriosität spürten.

Neues Rollenverständnis – Neue Berufswelt: Eine Quote für Männer

Nach der Geburt meiner Tochter bekam ich von einigen Freunden zu hören „Ach, zum Glück ist es ein Mädchen, die werden es im Berufsleben künftig leichter haben als die Männer!" Auch wenn diese Aussage sicher stark übertrieben ist; sie deutet jedoch die neuen Rollen an, die Frauen im Berufsleben mittlerweile spielen. In der ehemaligen DDR aufgewachsen, ist es für mich eine Selbstverständlichkeit, dass Frauen ebenso wie Männer einen Beruf ausüben. Aus meiner Kindheit ist mir keine Familie bekannt, in der die Mutter nicht berufstätig war. Zugegeben – auch in der DDR gab es nur wenige Frauen in den Chefetagen. Aber es war grundsätzlich üblich, dass Frauen zum Lebensunterhalt ihrer Familien beitrugen. Vor diesem Hintergrund hätte ich mir für mein eigenes Leben niemals vorstellen können, als Hausfrau und Mutter zu enden. Für mich persönlich nehme ich heute also kein wirklich neues Rollenverständnis wahr.

Aber auch allgemein haben sich die Berufswege der Frauen in Deutschland bereits erheblich verändert, während die der Männer eher gleich geblieben sind. Die zunehmende Emanzipation und bessere Ausbildung der Frauen in den letzten Jahrzehnten hat dazu geführt, dass der Drang der Frauen größer geworden ist, eine neue, stärkere Rolle einzunehmen. Aus eigener Erfahrung kann ich bestätigen, dass eine Führungsrolle äußerst reizvoll und erfüllend sein kann, auch wenn sie mehr Stress und weniger Privatleben bedeutet. Statistiken belegen, dass immer mehr Frauen einen Universitätsabschluss absolvieren und dabei besser abschneiden als ihre männlichen Kommilitonen. Anschließend findet man sie in Führungspositionen, die früher ausschließlich von Männern besetzt waren. Es ist auch belegt, dass weibliche Führungskräfte verantwortungsbewusster mit ihrer Macht umgehen und sie seltener zu ihrem persönlichen Vorteil ausnutzen als ihre männlichen Kollegen. In den USA reden Experten sogar schon von einer „Boy Crisis", weil Untersuchungen zeigen, dass Frauen bessere Highschool-Abschlüsse vorweisen können und häufiger an den Elite-Universitäten zugelassen werden als Männer.

Von Quotenregelungen halte ich grundsätzlich nicht viel. Und Quotenregelungen für Frauen sind meines Erachtens heutzutage ohnehin schlichtweg überholt. Die Frauen sind bereits auf dem Vormarsch in die Führungsetagen und dieser Trend wird sich fortsetzen. Quotenregelungen haben in der Vergangenheit, wie zum Beispiel in der ehemaligen DDR, oft genug zu Fehlbesetzungen oder mehr Ungerechtigkeit geführt. Wenn irgendwann wieder eine Quote nötig sein sollte, dann brauchen wir sie vielleicht für Männer.

Unbestritten ist natürlich, dass Spitzenpositionen immer noch weitestgehend von Männern besetzt sind. Aber auch dies wird sich sicher noch än-

128

dern. Unsere Bundeskanzlerin macht es uns schon vor. Bislang scheinen viele Frauen vor diesen Spitzenposten noch zurückzuschrecken. Vielleicht weil sie befürchten, der enormen Verantwortung nicht gewachsen zu sein oder sich in dieser von Männern dominierten Welt allein gelassen zu fühlen. Vielleicht sehnen sich viele Frauen auch nicht danach, täglich im Rampenlicht der Öffentlichkeit zu stehen wie Männer es oft tun, oder sie wollen ihre Hoffnung auf ein erfülltes Familienleben nicht durch einen hochbezahlten Spitzenjob zerstören.

In der Praxis habe ich – auch an mir selbst – oft erlebt, dass viele Frauen ihre Macht und ihren Einfluss immer noch zu zurückhaltend einsetzen. Hier können Frauen noch eine Menge von ihren männlichen Kollegen hinzulernen, denen es an Selbstbewusstsein selten mangelt. Aber diese Zurückhaltung kann auch Vorteile haben. Während meiner Zeit bei TI ist mir zum Beispiel aufgefallen, dass Frauen mit Ehrenamtlichen reibungsloser zusammenarbeiteten als ihre männlichen Kollegen. Männer neigten hingegen häufiger dazu, sich in den Vordergrund zu drängen und führten dadurch unnötige Konflikte herbei.

Männer – Frauen – Netzwerke

Während meiner Zeit bei TI hatte ich vorwiegend mit Männern zu tun. Allein der Anteil der Männer in der Mitgliedschaft von Transparency Deutschland liegt bei knapp 80%. Korruption ist eben eher ein Thema für Männer. Die Zusammenarbeit mit den Männern verlief jedoch weitestgehend reibungslos. Nie hatte ich das Gefühl, dass ich von ihnen in meiner Rolle als Geschäftsführerin nicht ernst genommen wurde. Mit Frauen, die selber härter für ihre Anerkennung kämpfen mussten, war die Zusammenarbeit manchmal schwieriger.

Außergewöhnlich gute Erfahrungen habe ich bei der Zusammenarbeit mit Journalisten gemacht. Nie hatte ich den Eindruck, dass ein Reporter ein Interview lieber mit einem unserer hochkarätigen und einflussreichen (meist männlichen) Vorstandsmitglieder statt mit der jungen und weiblichen Geschäftsführerin geführt hätte. Im Gegenteil, oft bekam ich sogar zu hören „Endlich mal eine weibliche Sprecherin, die wir interviewen dürfen. Die Leute sehen doch sonst nur noch alte Männer in den Nachrichten."

Funktionierende Netzwerke sind in der Politikberatung heutzutage nicht mehr wegzudenken. Da die Berufswelt der „Strippenzieher" immer noch von Männern dominiert wird, bestehen natürlich die meisten Netzwerke auch noch fast ausschließlich aus Männern. Aber auch hier haben die Frauen mittlerweile deutlich aufgeholt. Reine Frauennetzwerke existieren bereits an vielen Stellen. Einige sind professionell aufgebaut, wie zum Beispiel die Europäische Akademie für Frauen in Politik und Wirtschaft Berlin e.V. (EAF), andere basieren auf rein privaten Initiativen. Während meiner Zeit bei TI bin ich sowohl als Referentin als auch als potentielle Mitstreiterin zu den verschiedensten Treffen solcher Frauennetzwerke eingeladen worden. Obwohl viele dieser Initiativen sehr wichtige Arbeit leisten und sich durch sie das Rollenverständnis der Frauen positiv verändert hat, habe ich mich in diesen rein weiblichen Runden nie richtig wohl gefühlt. Manchmal kam ich mir vor, wie in einer künstlich hergestellten weiblichen Superwelt, die sich vor allem selbst bejubelte und die Rolle der Männer schlecht redete. Ich glaube, dass solche rein weiblichen Netzwerke überholt sind. Frauen benötigen sie nicht mehr, um sich gegenseitig Mut zu machen. Sie werden längst ernst genommen in der Berufswelt. Deshalb habe ich persönlich stets Mischnetzwerke bevorzugt und damit gute Erfahrungen gemacht.

Beruf und Familie

Nach fast fünf Jahren habe ich meine Rolle als Geschäftsführerin aus zwei Gründen niedergelegt. Zum einen wollte ich gerne nochmals einige Jahre im Ausland verbringen. Und da mein Mann in der Forschung arbeitet, wurde ein Aufenthalt in Nordamerika ohnehin fast unvermeidlich. Für mich bedeuteten meine bisherigen Auslandsaufenthalte immer Abenteuer und vor allem den Genuss von Freiheit, die ich in meiner Kindheit und frühen Jugend in der DDR nicht hatte. Außerdem habe ich keinen Grund gesehen, warum ich mit 31 Jahren schon sesshaft werden sollte. Zum anderen beendete ich meine Tätigkeit als Geschäftsführerin, weil ich ein Baby erwartete. Mein Mann und ich wollten auf jeden Fall irgendwann Kinder haben. Und auf den richtigen Zeitpunkt braucht man ohnehin nicht zu warten, denn der kommt sicher nie. Die Gründung einer Familie soll für mich jedoch nicht das Ende meiner beruflichen Laufbahn bedeuten. Aus meiner Sicht können Frauen Beruf und Familie sehr wohl miteinander in Einklang bringen, auch wenn dies erhöhte Anstrengungen und Bereitschaft zur Flexibilität für beide Elternteile bedeutet. Natürlich wird die berufliche Karriere durch das Mutterwerden unterbrochen, da die meisten Frauen die ersten Monate oder auch Jahre mit ihrem Kind verbringen wollen. In manchen Ländern, wie zum Beispiel in den USA, gehen die Frauen oft wenige Wochen nach der Geburt wieder zurück in den Job, weil sie sich eine längere Pause aus finanziellen Gründen gar nicht erlauben können oder weil ihnen sonst der Arbeitsplatz verloren geht. Ohne die Situation in Amerika für wünschenswert zu halten, ist es aus meiner Sicht selbstverständlich, dass Frauen ihren Beruf wieder aufnehmen sobald ihre Kinder für eine externe Betreuung bereit sind.

Leider wird Frauen der Wiedereinstieg in das Berufsleben insbesondere in Deutschland äußerst schwer gemacht. Es fehlt an Betreuungsmöglichkeiten für Kinder und – viel wichtiger – an der notwendigen Bereitschaft der Arbeitgeber. Viele glauben immer noch, dass Mütter im Berufsleben wegen der ständig kranken Kinder, der ferienabhängigen Urlaubsplanung und anderen Unwegbarkeiten mehr Schwierigkeiten bereiten. Die Realität sieht aber meist anders aus. Ich kenne eine Reihe von sehr flexiblen und hoch engagierten berufstätigen Müttern, die zum Beispiel von zu Hause arbeiten, wenn ihre Kinder mal krank sind oder liegen gebliebene Arbeit am Wochenende nachholen. Ich selbst habe als Geschäftsführerin bei TI bevorzugt Frauen mit Kindern eingestellt und diese Entscheidung nie bereut.

In skandinavischen Ländern bieten Firmen sogar eigene Kindergartenplätze an, um ihre weiblichen Führungskräfte zu motivieren, ihren Job nach der Geburt ihrer Kinder wieder aufzunehmen. Die Absicht der Bundesregierung, mehr Geld für die Kinderbetreuung bereit zu stellen und die bereits vollzogene Einführung des Elterngeldes sind Schritte in die richtige Richtung. Ich vermute, dass auch in Deutschland wieder mehr Frauen mit akademischer Ausbildung bereit sein werden, Kinder zu bekommen und anschließend den Weg zurück in den Beruf suchen, sobald sich die Betreuungsangebote für Kinder und die Haltung der Arbeitgeber verbessert haben. Denn es wäre für die Wirtschaft äußerst schädlich, auf diese vielen hochqualifizierten Frauen im Arbeitsleben verzichten zu müssen.

Aber auch unter verbesserten Rahmenbedingungen wird es weiterhin Frauen geben, die sich gegen Kinder oder für Kinder und gegen Karriere entscheiden. Aus meiner Sicht müssen auch solche Entscheidungen in der Öffentlichkeit mehr Akzeptanz finden. Grundsätzlich glaube ich nicht, dass Frauen zwingend weniger Erfolg haben, weil sie sich entscheiden, parallel noch Mutter zu sein. Wie erfolgreich berufstätige Mütter sein können, hängt neben den äußeren Rahmenbedingungen wohl auch von ihrem Ehrgeiz und ihrer Willenskraft sowie von der Flexibilität des Partners ab.

Ich persönlich genieße meine neue Rolle als Mutter sehr. Obwohl mir bewusst ist, dass Kinderbetreuung in den USA um ein Mehrfaches teurer ist als hierzulande, bin ich schon neugierig, welche Perspektiven der amerikanische Arbeitsmarkt für mich zu bieten hat. Optimistisch stimmt mich auch, dass berufstätige Mütter in den USA positiver gesehen werden als in Deutschland.

Im Portrait

Brigitte Behrens
Geschäftsführerin
Greenpeace e.V.

Ein Greenpeace-Stand bei einem Straßenfest in Berlin. Viele jüngere, aber auch ältere, ehrenamtliche Mitarbeiter sprechen die flanierenden Menschen an, um auf Umweltthemen aufmerksam zu machen und zum Handeln aufzufordern. Eine Petition zur Umrüstung von Autos kann man unterstützen oder man kann sich darüber informieren, wie man sonst im Alltag zum Klimaschutz beitragen kann. „Denn jeder kleine Schritt zählt", so ein Greenpeace-Aktivist ganz enthusiastisch - da ist man bei Greenpeace ganz pragmatisch. Und auch Geschäftsführerin Brigitte Behrens ist nach mehr als 20 Jahren bei Greenpeace so enthusiastisch wie am ersten Tag und wird nicht müde, für den Erhalt des Planeten zu kämpfen.

Von ihrem Büro in Hamburg kann Brigitte Behrens den Blick über die Elbe schweifen lassen und findet dort ein bisschen Ruhe vom sonst oft hektischen und manchmal chaotisch-kreativen Betrieb der Deutschlandzentrale. Fragt man sie, welches die zwei wichtigsten Eigenschaften für die Führung einer solchen Nichtregierungsorganisation sind, fällt die Antwort eindeutig aus: Gelassenheit und Beharrungsvermögen. Die Gelassenheit, ertragen zu können, dass nicht alles perfekt ist, und das Beharrungsvermögen, sich durch Rückschläge nicht irritieren zu lassen.

Angesichts der aktuellen Diskussion um die Klimakatastrophe ist diese Gelassenheit inspirierend. Man überlegt unwillkürlich selbst, was kann ich tun, welchen Beitrag kann ich leisten?

Getrieben vom Willen, die Welt zu verbessern!

Hamburg 1981. Umweltschützer steigen erstmals auf einen Schornstein: 26 Stunden lang besetzen Greenpeacer den Schlot der Chemiefirma Boehringer. Sie stellt Insektenkiller her, Pestizide, Dioxine – und verseucht Wasser, Luft und Böden mit Giften. Mit Atemmasken und in gelben Schutzanzügen harren die Aktivisten aus. „Erst wenn der letzte Baum gerodet ist, werdet Ihr merken, dass man Geld nicht essen kann." Der Erfolg der Aktivisten stellt sich später ein, ist aber nachhaltig. 1984 muss Boehringer sein Werk schließen.

Dies ist auch die Zeit, in der immer mehr Menschen in Deutschland von der Bewegung hören. In der sie Briefumschläge mit kleinen und großen Geldbeträgen schicken. Sie sind dankbar für den mutigen Einsatz und wollen, dass es weitergeht. Ich fuhr in Begleitung eines Freundes zum Hamburger Greenpeace-Büro. Wollte dabei sein, mich engagieren, etwas Neues und Nützliches tun, etwas erleben. Heute erinnere ich mich kaum noch an diesen einen Tag. Aber Jochen, er hatte Denis Diderot gelesen, beschrieb mich: Mit nahezu epidemischer Wildheit, der Frauen im Allgemeinen unterliegen, hätte ich an die Tür geklopft. Leider trafen wir nur einen Ehrenamtlichen, der aufräumte und mir nicht weiterhelfen konnte. Frustriert zog ich von dannen. Für Jochen war ich untröstlich, was aber blieb war dieses eine Gefühl: Ich war generell davon beseelt, die Welt zu einer besseren zu machen – und ich wollte irgendwann, wenn es auch jetzt nicht möglich war, bei Greenpeace arbeiten.

Heute bewerte ich dies als eine der Grundvoraussetzungen für eine Karriere. Die Natürlichkeit der Weiblichkeit ist, das wissen wir ja, nur eine Erfindung des 18. und 19. Jahrhunderts. Mögen sie laut Diderot in grauer Vorzeit „weniger Herr ihrer Sinne" gewesen sein, „selten systematisch, immer dem Augenblick unterworfen". Wenn der Mensch aber gestalten will, muss er es wirklich wollen, sich absolut sicher sein und für den Weg entscheiden. In seinem Kopf aufräumen und das Ziel im Auge behalten. Dies gilt auch für Frauen. Impulsive Momente, die den Willen unterstreichen, mögen einen weiblichen Anstrich haben, sind erlaubt und sinnvoll für den eigenen Antrieb. Denn warum soll die Geschichte immer nur über Gerhard Schröder schreiben, der jung und nicht minder wild mit „Ich will hier rein" an den Toren des Bundeskanzleramtes rüttelte? Ich wollte schließlich auch rein – in die junge und frische politische Bewegung Greenpeace.

Heute habe ich als Geschäftsführerin der Greenpeace-Deutschland-Zentrale eine der besten Positionen, um etwas für den Erhalt des Planeten zu tun. Mein Lebenslauf ist in der Rückschau klassisch links-intellektuell. Ich wachse ohne Vater auf, meine Mutter ist voll berufstätig. Aus großbürgerlichem Milieu stammend, sehr belesen und kulturell interessiert, erzieht sie mich zu früher Selbstständigkeit. Gute Ausbildung und eine weltoffene Bildung sind ihr oberstes Gebot und so komme ich – trotz knapper Finanzen – in den Genuss, ein neusprachliches Mädchen-Gymnasium zu besuchen, inklusive jahrelangem Klavierunterricht und Tanzstunde mit 15 Jahren. 1968 bin ich 17 und begeistere mich für neue gesellschaftliche Konzepte, noch ohne Richtung, lediglich vom Vorsatz getrieben, auf keinen Fall ein bürgerliches Leben zu führen. Die Studienwahl fällt mir schwer. Aus Vernunftgründen nehme ich dann doch ein Medizinstudium auf, obwohl ich viel lieber Malerei studiert hätte. Schon mein Großvater war Chirurg, ich versuche, die Familientradition fortzuführen. Anders als viele junge Frauen heute hatte ich nicht die Unterstützung einer emanzipierten Verwandtschaft, die mir Impulse gab, meinen wirklichen Bedürfnissen nachzugehen. Das Studium absolviere ich mit innerer Distanz. Politische Veranstaltungen, Demonstrationen und das Experimentieren mit neuen Lebenskonzepten in Kommunen finde ich wesentlich spannender. „Das Politische ist privat, das Private politisch." Doch so sehr ich ein anderes Leben führen will, so wenig kann ich etwas mit nächtelangen ideologischen Debatten anfangen und erlebe die Gruppenzwänge als zu große Einschränkung. Aufmerksam verfolge ich die Anfänge der Frauenbewegung (§ 218-Kampagne) und erste Diskussionen zum Selbstbestimmungsrecht der Frauen. Nach acht Semestern breche ich das Studium in Würzburg ab und ziehe mit dem Gefühl eines neuen Aufbruchs nach Hamburg.

Die Soziologie der Universität in der Hansestadt war eine der bekanntesten, seitdem Helmut Schelsky sie 1953 dort installierte. Für viele war es schick, mit schlauen Köpfen wie Marx und Kant unter dem Arm zu laufen, die Probleme der Gesellschaft zu reflektieren und den Weg aus der selbstverschuldeten Unmündigkeit zu suchen. Soziologische Denker wie etwa Marcuse waren gerade in dieser Szene gefragt. Autoritäre Machtstrukturen, Kapitalismus, der schon damals alles dem Verwertungszwang unterwarf, Ungleichheit und nukleare Bedrohung waren anzugreifen und zu kritisieren statt sie nur zu verwalten bis zur Reproduktion. Das Soziologie-Studium bietet vielfältige Möglichkeiten, meiner intellektuellen Neugier nachgehen zu können, von Sinologie, Sozialpsychologie bis hin zu Medien-Soziologie.

Und es ist die Zeit größerer neuer sozialer Bewegungen: Ab 1974 – kurz nach meiner Ankunft in Hamburg – engagiere ich mich in der autonomen Frauenbewegung und ab 1976 gegen den Bau des Atomkraftwerkes Brokdorf. Frauenpolitik und -bewegung haben Hochkonjunktur. Alice Schwarzer hatte gerade ihr Buch „Der kleine Unterschied und seine großen Folgen" veröffentlicht. Keine Frau in meinem Umfeld, die ihre Zeilen nicht verschlingt und bei Gelegenheit zitiert. Was heute oft träges Gähnen auslöst, weil scheinbar überwunden, ist damals absolut neu formulierte und motivierende Erkenntnis: Schwarzer entlarvt die gesellschaftliche Hierarchie der Geschlechter, die Beherrschung der Frau durch den Mann, als Resultat von Erziehung und geschlechtlicher Rollenzuweisung und nicht als von der Natur vorgegebene Tatsache. Für Frauen wie mich gibt es gar keine andere Wahl, als sich mit anderen Frauen zu verbünden und auch hier die Welt zu einer besseren zu machen. Nicht der Mann als Objekt selbst, aber sein Tun und seine Symbolik sind uns Feind. Gleichzeitig bietet Esther Vilar genügend Angriffsfläche. Sie ist unsere Gegnerin, denn anders als Schwarzer beschreibt sie in „Der dressierte Mann" ihre These, dass nicht die parasitäre Frau, sondern der arbeitende Mann das unterdrückte Geschlecht sei. Hinzu kommen immer wieder Schlagzeilen zu Frauenthemen. „Frauen erobern die Nacht zurück" und demonstrieren in der Walpurgisnacht 1977 gegen Vergewaltigung und Gewalt gegen Frauen. Und ich – wie immer mittendrin – muss mit Entsetzen ansehen, wie Polizeihunde Frauen jagen, als ob es nicht schon genug Brutalität gegen Frauen gibt. Vielfältige Projekte der neuen Frauenbewegung entstehen durch die immer häufigere Veröffentlichung von Frauenliteratur und zeugen von einer bisher unbekannten Frauenkultur. Es gibt Frauenbuchläden, Verlage, Wohngemeinschaften, Frauenhäuser. Als Mitglied der Gründungsgruppe baue ich mit anderen die Frauenkneipe in der Hamburger Stresemannstraße auf, das erste Hamburger Kommunikationszentrum, zu dem Männer keinen Zutritt haben, arbeite dort drei Jahre und schreibe, dargestellt an diesem Beispiel, meine Diplomarbeit über „Die Organisation von Frauengruppen". Auch hinter diesem Projekt des Feminismus steht der Wunsch, Freiräume für die Verwirklichung eigener Vorstellungen zu schaffen. Und weil es innerhalb nicht geht, eben außerhalb der männlich dominierten Gesellschaft.

Viele Jahre später, es war 1990, die Bewegung schläft nicht, sind es übrigens Frauen, die in Köln gegen den ersten Freilandversuch mit springenden Genen demonstrieren. In ihren Experimenten hatten Forscher die Färbung von Petunien verändert. Die Gefahr dabei ist, dass diese Gene keinen festen Platz in der Erbinformation haben und andere Gene beeinflussen können. Auswirkungen und Risiken sind unbekannt, aber umstritten, die Bundesregierung entschließt sich dennoch gegen ein Moratorium für solche Feldversuche. Es folgen weitere heftige Proteste, weil die Frauen zunehmend befürchten müssen, die Forschung mache sich an menschliche Gene heran und entwickele mit Technologien zur Reproduktion künstliche Gebärmaschinen. „Frauen, Zoras, Hexen, Weiber – gemeinsam gegen Genbetreiber." Bei Greenpeace starten wir Anfang der 90er Kampagnen gegen Gentechnik und gegen Patente auf Leben. Aus dem gesellschaftlichen politischen Diskurs über das Thema ist ein Arbeitsgebiet für uns entstanden, für das ich gekämpft habe.

Für meine heutige Position waren das Studium, meine politische Arbeit und der Aufbau der Hamburger Frauenkneipe als Verein Mindestvoraussetzungen. Letzteres natürlich ein Glücksfall. Ich war zur richtigen Zeit im richtigen Alter, um mich von der Frauenbewegung infizieren zu lassen. Zehn Jahre früher hätte ich mich möglicherweise für einen anderen Weg entschieden. Noch dazu verschaffte mir die Anti-Atomkraft-Bewegung den nötigen Biss. Nach vielen Diskussionen, Anhörungen, großen und kleinen Demonstrationen in Brokdorf muss ich mir eingestehen, dass selbst 40.000 Demonstranten den Bau des Atommeilers nicht verhindern können. Ich suche nach Wegen und Möglichkeiten, mehr Erfolg bei der Verwirklichung meiner Vorstellungen zu haben. Den Bau des Atomkraftwerks Brokdorf erlebe ich als persönliche Niederlage.

Mit dem Abschluss des Soziologiestudiums 1979 habe ich zwar eine Qualifikation, aber keinen erlernten Beruf. Nach wie vor nur die innere Berufung, die Welt zu verbessern. Während des Studiums erhielt ich die Chance, beim NDR-Fernsehen unter der Ägide einer erfahrenen TV-Redakteurin als Freie an unterschiedlichen Produktionen und Programmen mitzuwirken. Spannend für mich, da ich davon überzeugt bin, mit Reportagen und Dokumentationen auf Missstände aufmerksam machen zu können. Eine kontinuierliche Beschäftigung ist jedoch nicht in Sicht, die Honorare sind gering und treffen nach monatelanger Verzögerung ein. Ich muss meinen Lebensunterhalt mit anderen Jobs finanzieren, so wie ich es auch schon zu großem Teil während meines Studiums getan hatte. Zudem entsetzt mich als Berufsanfängerin, dass Chefredakteure sehr dezidierte Vorgaben machen, Beiträge von erfahrenen Journalisten im Namen einer „ausgewogenen" Berichterstattung arg zurecht gestutzt werden und brisantere Sendungen – wie über die Untersuchungsergebnisse zum Tod eines Jungen, der auf dem ungesicherten Gebäude einer Chemie-Klitsche beim Spielen mit Kampf-Munition ums Leben gekommen war – in Nischen von regionalen Pilotprogrammen verbannt werden. Unter Meinungsfreiheit und journalistischer Unabhängigkeit stellte ich mir etwas anderes vor. Ich wollte mitbestimmen und selber Meinung haben dürfen und mir nicht die Meinung anderer aufdrücken lassen. So ließ ich NDR, gute Freunde und Hamburg hinter mir und reiste ein halbes Jahr durch die USA, wieder auf der Suche nach einer neuen Perspektive. Die Zeit in A-merika ist anregend, dorthin auszuwandern, wie es eine gute Freundin getan hat, kann ich mir nicht vorstellen. Aber ich höre dort zum ersten Mal etwas von Greenpeace, im selben Jahr wird Greenpeace in Deutschland gegründet. Zurück in der Heimat improvisiere ich wie so viele Soziologen, in Medienprojekten, mit ABM-Stellen zum Beispiel in der Behörde für Arbeit, Jugend und Soziales, mit kurzfristigen Intervallen der Arbeitslosigkeit und starte, mich als Fotografin zu etablieren.

Aber Greenpeace geht mir nicht aus dem Kopf. Schon ein bisschen mehr Organisation als Bewegung bewerbe ich mich 1985 und werde ein Jahr später als Assistentin der Geschäftsführung eingestellt. Nach einem halben Jahr habe ich das Gefühl, mit den Rainbow Warriors endlich eine Welt gefunden zu haben, die 100prozentig zu mir passt. Sie entspricht meinen Vorstellungen, Fähigkeiten und Wünschen. Auch das ist wichtig für einen Karrieresprung – etwas in einer Atmosphäre zu unternehmen, die der eigenen Dynamik und Energie entspricht. Taten statt Warten! Hinzukommt ungeheurer Stolz: In diesem ersten Jahr für mich startet Greenpeace eine spektakuläre Aktion, die es vorher noch nie gegeben hatte. Einen lebendigen Vorhang. Aktivisten seilen sich mit einem großen Banner an einer Rhein-Brücke vor dem Chemie-Riesen Bayer in Leverkusen ab. Sie prangern den Konzern an, der, wie andere weltweit, Gift in Flüsse und Meere einleitet. Zeitgleich ist unser junges Flussschiff Beluga unterwegs, ein schwimmendes Chemielabor, mit dem Greenpeacer Wasserproben nehmen. Bearing Witness, Zeugnis ablegen und dort sein, wo Umweltverbrechen geschehen. Das beeindruckt die Medien und macht die Gegner nervös.

Im Büro übernehme ich Aufgaben, die keiner machen will. Ich baue eine Personalabteilung auf, die es bis dahin bei Greenpeace nicht gibt, und mische mich auch ansonsten überall gerne ein. 1987 begleite ich die erste Umstrukturierung der deutschen Sektion. Mitte 1988 übernehme ich mit einer Kollegin in einer Interimphase die Geschäftsführung. Zwei Jahre nach meinem Einstieg. Auf den ersten Blick erscheint dies als steiler Aufstieg. Wer ähnliche Sprünge erwartet, muss bedenken: Greenpeace war jung, noch keine ausdifferenzierte Institution. Seitdem die ersten Spenden per Post eingetroffen waren, waren gerade mal sieben Jahre vergangen. Greenpeace Deutschland musste und konnte wachsen, vieles, was in Unternehmen etabliert war, war für uns als Non-Profit-Organisation Neuland. Deshalb konnte ich mich auch immer von meiner Neugierde leiten lassen. Immer dorthin gehen, wo ich mich nicht auskannte und mir überlegen, welchen Schritt ich gehen muss, um den nächsten Punkt zu erreichen.

Monika Griefahn, Greenpeace-Gründungsmitglied, heute SPD-Bundestagsabgeordnete und eine zeitlang meine Wegbegleiterin, bringt mich auf die Idee, einen Lehrgang für das effiziente Management in Non-Profit-Organisationen zu absolvieren – den mir der Aufsichtsrat bewilligt und der Verein finanziert. Dies ist eine der besten Entscheidungen, die ich treffe als ich mich für das Verbandsmanagement Institut (VMI) der Universität Freiburg in der Schweiz entscheide. Auch wir bei Greenpeace ahnen damals schon, dass NPOs irgendwann als vormoderne, responsive und dilettantisch gemanagte Organisationen in den Annalen verschwinden könnten. Dass wir vielleicht nur ein Stück weit überleben, weil wir uns in einer geschützten Nische befinden, die uns der Staat verschafft – im Sinne symbolischer Politik als „Sickergrube" für unlösbare gesellschaftliche Probleme (Seibel 1992). Wenn wir aber verhindern wollen, dass uns ir-

gendwann jemand diese Nische wegnimmt, müssen wir uns professionali-
sieren. „Nonprofit but Management" wird in Freiburg getitelt. Überall
dort, wo für die Steuerung keine finanzwirtschaftlichen Messgrößen wie
Umsatz oder Gewinn zur Verfügung stehen, stellt die Führung einer gemeinnützigen Organisation eine besondere Herausforderung dar. In Freiburg wird Wissen in einem integrierten Konzept vermittelt, Wissenschaft
und Forschungsergebnisse sind mit Beispielen aus der Praxis verknüpft.
Rechnungswesen und Controlling, Human Ressources, Organisation,
Marketing, Fundraising. All diese Themen stehen dort – im Übrigen auch
heute noch – auf dem Lehrplan.

Gibt es Unmöglichkeiten und Unvereinbarkeiten im Leben einer Frau?
Sicher bin ich, dass ich als Mann bis zu diesem Zeitpunkt nicht schneller
voran und weiter gekommen wäre. Mein Werdegang ist, wie ich finde,
nicht typisch weiblich oder männlich. Eher Unisex was die Chancen und
die Möglichkeiten betrifft. Es sei denn, ich hätte mich für Kinder entschieden. 1985 hatte ich meinen langjährigen Freund geheiratet, aber der
Kinderwunsch stellte sich nicht so richtig ein. Und Greenpeace fand ich
einfach spannend, diese Arbeit erfüllte mein Leben.

Mitte 1989 startet Thilo Bode als erster Hauptgeschäftsführer, ein Manager mit Erfahrung aus Entwicklungshilfe und Industrie. Ich werde seine
Stellvertreterin und arbeite sechs Jahre mit ihm zusammen. In dieser Rol-
lenverteilung kann ich ihm Vorschläge machen und versuchen, ihn als
Kollegen von meinen Ideen und Gedanken zu überzeugen. Entweder
wird es dann so gemacht wie ich vorschlage – oder er entscheidet. Diese
Auseinandersetzungen, im positiven Sinn, sind für mich sehr lehrreich.
Mein Studium in der Schweiz ist mein Rüstzeug, aber die Texte und theo-
retischen Regeln sagen letztlich nicht zu viel über die Praxis bei Greenpeace aus. Bei Thilo Bode kann ich lernen, Abläufe systematisch und er-
gebnisorientiert professionell zu gestalten und kann seine Taktiken in meinen Wissensschatz überführen. Es überzeugen mich zum Beispiel seine
Grundsätze zum Projektmonitoring und zur Budgetplanung und -

steuerung. Nur Details, aber für die Gesamtentwicklung einer Non-Profit-Organisation natürlich von zentraler Bedeutung.

Noch nicht Geschäftsführerin – nur Stellvertreterin. Das brachte mir die Freiheit, viele Dinge in der Greenpeace-Welt auszuprobieren. Wir arbeiteten seit der Gründung 1971 international. Weil von Anfang an klar war, dass Umweltzerstörung global ist und keinen Halt vor Ländergrenzen macht. Und der Schutz genauso global sein muss. Klimaveränderung, Artenvielfalt, Erneuerbare Energien, Gentechnik sind unsere Themenschwerpunkte. Wir haben heute Büros in mehr als 40 Ländern dieser Erde. Während Thilo Bode in Deutschland die Geschicke lenkt, kann ich mich aufmachen in die Welt – als Trustee für Greenpeace-Deutschland und als Beraterin für Greenpeace-Vertretungen zum Beispiel in Lateinamerika und Osteuropa. An diesem Punkt habe ich das Gefühl, dass ich schon ziemlich weit oben angekommen bin. Ich liebe es, fremde Länder und die Menschen, mit all ihren Problemen, kennenzulernen. Ich besuche monströse Orte von Umweltverschmutzungen, Braunkohlewüsten in Tschechien, Tschernobyl, Kahlschläge in kanadischen Urwäldern, pestizidverseuchte Gemüseanbaugebiete in Guatemala, verminte Zedernwälder im Libanon. Tapfere unermüdliche Greenpeace-Kollegen und -Kolleginnen in armen Ländern zu unterstützen ist für mich gleichbedeutend dabei zu helfen, sich gegen die Ungerechtigkeiten zu wehren. Der verschwenderische Lebensstil der Reichen verschlingt die endlichen Ressourcen der Erde und wälzt die Umweltfolgen vor allem auf die armen Länder ab. Denn sie sind die eigentlichen Verlierer, wenn Wirbelstürme und Überschwemmungen die Häuser fortreißen und die Ernten vernichten. Greenpeace setzt sich für eine gerechte, nachhaltige Entwicklung ein. Und ich darf dabei sein, einen Beitrag leisten und neue Erfahrungen, auch im Umgang mit anderen Kulturen, sammeln. 1994 leite ich – zusammen mit einem amerikanischen und einem holländischen Kollegen ein halbes Jahr die internationale Zentrale in Amsterdam – kommissarisch, aber wieder ist es die Chance, neue Führungserfahrungen zu sammeln.

Die Geschichte von Greenpeace ist ein wenig auch meine Geschichte. Immer neue Aufgaben, immer neue Risiken, Durchhaltevermögen. Erst die permanente Konfrontation führt zu Erfolgen. Beispiel Brent Spar: Ein gelb-rotes Stahlungetüm in der Nordsee, Schlauchboote auf hohen Wellenkämmen, Fontänen aus Wasserkanonen, die Greenpeace-Helden erwischen sollen, darüber die Helikopter. Das ist inzwischen mehr als zehn Jahre her und trotzdem erinnert sich jeder an unsere Kampagne gegen die Versenkung der ausgemusterten Ölverlade-Plattform im Jahr 1995. Mit vehementem Beharren bringen wir den Ölmulti Shell dazu, seine Arroganz gegenüber dem öffentlichen Interesse aufzugeben und seine Verantwortung für die Umwelt wahrzunehmen. Seinen Müll nicht einfach im Meer loswerden zu wollen. Dabei verbünden sich die Verbraucher mit uns in Deutschland und ziehen mit Transparenten an die Zapfsäulen. Viele Autofahrer sind mobilisiert und boykottieren die Shell-Tankstellen. Nach 52 Tagen gibt Shell auf und verzichtet auf die Versenkung in der Nordsee. Brent Spar zählt zu den herausragenden innenpolitischen Ereignissen des Jahres 1995 in Deutschland. 1998 stellt sich auch hier unser nachhaltiger Erfolg ein: Im internationalen „Jahr der Meere" beschließen die OSPAR-Umweltminister einstimmig ein generelles Versenkungsverbot für Offshore-Anlagen im Nordost-Atlantik. Die Entscheidung enthält einige Ausnahmen, zum Beispiel für die Fundamente schwerer Stahlplattformen. Aber wann immer Anlagenteile im Meer verbleiben sollen, muss der Einzelfall genehmigt werden.

Nach der Brent-Spar-Kampagne und nach Jahren erfolgreicher Arbeit in Deutschland entschließt sich Thilo Bode 1995, die Geschäftsführung von Greenpeace International zu übernehmen – eine Entscheidung, die größere Veränderungen für mich bedeuten, als ich zunächst annehme. Mit einer Kollegin leite ich Greenpeace Deutschland, wieder kommissarisch, bis ein neuer Geschäftsführer startet. Der allerdings verlässt uns noch vor Ablauf eines halben Jahres. Meine Kollegin und ich übernehmen wieder die kommissarische Leitung, dieses Mal für mehr als ein Jahr, bis ein zweiter

neuer Geschäftsführer eingestellt wird. Und auch dieser verlässt Greenpeace relativ flott, nach zehn Monaten und nicht ganz ohne Symbolik: Als
der Aufsichtsrat in einer Sitzung über seinen Weggang verhandelt, steigt
das Hochwasser im Gebiet der Hamburger Greenpeace-Zentrale. Der
Fischmarkt wird überschwemmt und der Kollege gelangt gerade noch vor
der Flut ins Trockene. Eine schwierige Situation: Dreieinhalb Jahre waren
seit Thilo Bodes Wechsel zu Greenpeace International vergangen, und es
gab keine großen Hoffnungen, dass eine dritte Rekrutierung eines Ge-
schäftsführers mit Erfahrungen aus anderen Bereichen erfolgreicher verlaufen könnte. In dieser Krisensituation fragte mich der Aufsichtsrat, ob
ich erste Geschäftsführerin werden möchte. Ich hatte mich nicht beworben, aber meine Entscheidung fiel letztlich innerhalb von fünf Minuten.
In diesem Moment wusste ich, dass ich mich international nicht mehr so
werde bewegen können, wie ich es bis dahin getan hatte. Ich wusste aber
auch, dass ich mir in der Gesamtorganisation mit der Beratung von anderen Büros einen Namen gemacht hatte und mein Rat jederzeit gehört
würde. Ich entschied mich auch deshalb guten Gewissens für die Leitung
von Greenpeace Deutschland, und es ist wahrhaftig ein großes Glück für
mich, heute in dieser Position zu sein.

Im Übrigen existieren interessante Studien zu diesem Thema: Frauen haben in Krisen von Unternehmen oder Organisationen größere Aufstiegschancen als in Zeiten, in denen es wie geschmiert läuft. Und Männer greifen dann gerne auch auf Frauen zurück, die zur Not gut verheizt werden
können. Manchmal passiert das bewusst, manchmal unbewusst. Ich für
mich habe versucht, zu realisieren, dass es so sein könnte, habe aber in
meiner täglichen Arbeit den Gedanken beiseite geschoben. Um etwas zu
erreichen, nützt es mir wenig, über Männer-Bevorzugungen und Frauen-
Nachteile zu sinnieren. Meine Karriere verdanke ich nicht einem ausge-
klügelten Plan oder einem sorgfältig ausgeklügeltem Netzwerk, sondern
seriöser Arbeit, Neugierde und der Bereitschaft, ohne Netz und doppelten
Boden in Krisensituationen Verantwortung zu übernehmen und keine

Anstrengungen zu scheuen. Wenn es allzu mühselig wird, bringt mich Prosa zum Schmunzeln: Amica hat eine dieser typischen pseudo-repräsentativen Untersuchungen gemacht: 27 Prozent der befragten Karrierefrauen geben an, dass sich ihr Liebesleben verbessert hat, seit sie Karriere gemacht haben. Der Aussage: „Ein toller Job macht selbstbewusst. Man traut sich dann einfach mehr, auf Männer zuzugehen", stimmen 59 Prozent zu. Ein New Yorker Psychologe charakterisiert es in seinem Beitrag so: „Mit solchen Frauen zusammen zu sein ist, als würde man einen Ferrari fahren." Jedoch schrecken 65 Prozent der Herren beim Flirten ein wenig zurück, wenn sie erfahren, dass sie weniger oder keine Mitarbeiter führen oder weniger verdienen als die Frau. Alles bekannte Erhebungen, keine Überraschung.

„Keine Macht für niemand" ist nach wie vor eine attraktive Losung, jedoch in unserem System eine Utopie. Wenn JournalistInnen mir heute die Frage stellen, ob ich Macht habe, kann ich dies mit einem klaren Ja beantworten. Macht und der Begriff der Macht sind differenziert zu betrachten. Ich hoffe, dass gerade wir Frauen die Deutung überwunden haben, Macht habe automatisch den Beigeschmack von Egoismus und Eigeninteresse, Skrupellosigkeit und Gewalt. Macht bedeutet, und damit ist sie weder männlich noch weiblich, nach Max Weber zunächst einmal nur „die Chance, innerhalb einer sozialen Beziehung den eigenen Willen auch gegen Widerstreben durchzusetzen, gleichwohl worauf diese Chance beruht." Diese ganz neutrale Definition – ich habe mir ja nicht umsonst die Soziologen unter den Arm geklemmt – habe ich für mich übernommen. Bezüglich des Widerstrebens ist mein Rat auch dieser: In meiner Position heute muss ich der Organisation Greenpeace dienen anstatt bloß ein paar Anweisungen zu geben. Je weiter oben auf der Karriereleiter Mann oder Frau angekommen sind, desto wichtiger ist es zu hören, was andere innerhalb deines Wirkungskreises für wichtig und richtig halten. Ich habe natürlich immer noch die Freiheit der Entscheidung, aber ich muss auf jeden Fall abwägen. Wie Herr Glos von der CSU der laut Forbes „mächtigsten

Frau der Welt", der Bundeskanzlerin über die Medien hat ausrichten lassen: „Von einsamen Entscheidungen sollte Angela Merkel mal Abstand nehmen, sollte mehr Teamgeist zeigen, sollte den rivalisierenden Männern mehr trauen". War das eine Drohung? Macht ist für mich weder gut noch böse. Moralische Unterschiede liegen letztlich, das wage ich zu behaupten, in den Machtmitteln und Zielen, für die sie eingesetzt werden. Hier mögen Männer mitunter archaischer agieren. Auf jeden Fall ist es mein Ziel als Geschäftsführerin, die Organisation Greenpeace mit allen Kräften dabei zu unterstützen, der Natur eine Stimme zu geben. Greenpeace in Deutschland ist seit 1980 aktiv. Seitdem haben wir schon einiges erreicht. Vor einem Vierteljahrhundert hatten die Schollen noch Himbeer-Geschwüre, der Sprit war verbleit und FCKW zerlöcherten die Ozonhülle der Erde. Wir hatten den Gau von Tschernobyl, verstrahlte Pilze und verbotenes Gemüse. Es gab vieles an alltäglicher Umweltzerstörung, was heute nicht mehr tragbar wäre. Chemische Abfälle wurden auf hoher See verbrannt, Atommüll einfach im Meer versenkt, Säure in die Nordsee gepumpt. Die Gesellschaft hat sich gewandelt. Das Bewusstsein von einem kleinen Planeten mit begrenzten Ressourcen ist im Alltag verankert – wenn auch das alltägliche Handeln nicht immer danach aussieht. Aber Bio-Eier hatten damals nur diejenigen mit eigenen Hühnern oder einige Ökoläden, deren Besuch schon fast einem revolutionären Akt glich, im Supermarkt wäre man ausgelacht worden – hätte man danach gefragt. Global betrachtet hat sich die Situation der Erde nicht gebessert. Vieles liegt nicht in meiner Macht, aber ich kann versuchen zu helfen und zu lenken, dass wir kurzfristigen Profitinteressen langfristige ökologische Forderungen entgegensetzen. Intakte Lebensräume und eine gesunde Umwelt sind für folgende Generationen überlebenswichtig. Sollten wir hier keine Fortschritte erzielen, müssen wir uns über Fragen wie männlich und weiblich Macht und Ohnmacht sind, den Kopf nicht mehr zerbrechen.

Ich werde intern von unten und oben sowie extern durch die Medien kontrolliert, muss gute Argumente haben und überzeugen. Aber ich habe Macht, weil ich befugt bin, strategische und finanzielle Entscheidungen zu treffen. Mit dieser Macht muss ich verantwortungsvoll umgehen, wenn ich letztlich sage, was wir machen und was wir nicht machen, wo wir hingehen und wo nicht. Immer wieder muss ich abwägen, ob meine Vorgaben richtig sind und fair, transparent und im Sinne der internationalen Greenpeace-Kampagnen. Ich bestimme über Berufswege der Kollegen und Kolleginnen, über die Zahl der möglichen Arbeitsplätze in der Organisation und darüber, mit welchen Summen wir die internationalen Aktivitäten unterstützen wollen. Es gibt Männer, von denen ich für diese Aufgabe viel gelernt habe: dem Greenpeace-Mitbegründer Harald Zindler, von Thilo Bode, von Gerd Leipold, von den beiden ehemaligen Aufsichtsratsmitgliedern Hans-Peter Dürr und Wolfgang Sachs. Sie waren so etwas wie Mentoren, die ich mir nicht gesucht habe, sie waren einfach da. Greenpeace – und das gilt sicherlich für viele NGOs – ist zwar keine Männerwelt, hat aber eine männlich geprägte Kultur. Zahlenmäßig haben wir mehr Mitarbeiterinnen, aber ich muss mich häufiger mit Männern auseinandersetzen, weil in leitenden Funktionen mehr Männer arbeiten. Dabei habe ich selbst nicht die falsche Einstellungspolitik betrieben. Frauen, vor allem jüngere Frauen, sind zögerlicher, verantwortungsvollere Positionen zu übernehmen. Männer dagegen sagen immer ja, wenn sie gefragt werden, auch wenn die Anforderung an die Stelle nicht ihren Qualifikationen entspricht. Alice Schwarzer hat vor einigen Jahren den für sie einzigen Weg in die Zukunft formuliert: Er „scheint mir die Überwindung der Spaltung in hie männlich und da weiblich und die Gratwanderung der Doppelstrategie: Frauen müssen so tüchtig sein wie Männer, ja tüchtiger – sie dürfen aber nicht vergessen, dass sie Frauen sind. Vergessen sie es, verlieren sie ihre Identität und ihre Wurzeln – und damit ihre originäre Kraft. Nur die Frau, die im vollen Bewusstsein um ihr Frausein gleichzeitig die ‚männliche Anmaßung' (Jelinek) wagt, kann ein echtes Gegenüber für Männer und ein wahres Vorbild für Frauen sein."

Ich pflege den Austausch mit Geschäftsführerinnen anderer NGOs und philosophiere mit ihnen auch über Macht. Wenn ich als Geschäftsführerin nicht mehr überall in der Belegschaft dazu gehöre, wenn ich nicht mehr einfach nur sitzen und plaudern kann oder Betriebsfeiern eher früh als spät verlasse, dann ist es gut, sich mit Frauen in ähnlichen Positionen auszutauschen. Es gibt ganz einfache, allgemeingültige Regeln, die für den langfristigen Erfolg wichtig sind. Keine Liebesverhältnisse innerhalb der Organisation. Niemals vergessen, dass ich auf einem Feuerstuhl sitze und hinter vorgehaltener Hand bestimmt alles Mögliche kolportiert wird. Sägen können sie immer! Sich nicht am Status berauschen (siehe Fallbeispiel Stoiber). Sich nicht korrumpieren lassen, keine Vorteile für sich selbst, für Freunde oder andere interessante Personenkreise verschaffen (siehe der Fall des VW-Vorstandes Hartz). Kurzum: Ich darf nie glauben, dass ich sicher oder unangreifbar bin. Zum Glück gibt es Dinge im Beruf, die es mich nicht vergessen lassen.

Susanne Mayer konstatiert in Die Zeit nach der Lektüre von Maybritt Illners „21 einflussreiche Frauen", zeitgenössische Frauen, demokratische Strukturen hätten sich als ungeeignet erwiesen, eine Despotie von Männerherrschaft zu verhindern. „Zwar ist Macht diffundiert von einer schmalen Oberschicht bis in die Mittelschicht hinein, aber sie hat sich geschlechtstypisch verfestigt, bis in die Köpfe hinein, auch die von Frauen." Zu Zeiten Katharina der Großen, deren Bild angeblich bei Angela Merkel auf dem Schreibtisch steht, und Elisabeth I. von England, wurde Macht qua Stand ausgeübt. Verschwindend gering der Anteil dieser Frauen, aber extrem wirkungsvoll. Heute, kritisiert Mayer, gebe es selten Macht für Frauen, aber auch nicht die Spur der Entrüstung. Keine Revolution, kein Aufstand. Dabei müsste jeder zweite Mann in leitender Position von einer Frau ersetzt werden, ginge es nach Qualifikation und Verfassung. Stattdessen etablieren Männer ihre Machtstrukturen an den Frauen vorbei (Krista Sager). Ich finde es schwierig, zu einer endgültigen Position zu kommen. Feministische Standpunkte, auch zur Macht, bleiben möglicherweise in einem Spannungsfeld stecken. Sie betonen auf der einen Seite die Gleichheit von Frau und Mann und leiten daraus die gleichen Rechte ab. Auf der anderen Seite heben sie eben auch die Andersartigkeit der Frau hervor, die sich moralisch überlegen fühlt und die Wert- und Weltordnung der Männer in Frage stellen will. Innerhalb von Greenpeace gibt es hierzu keine intensive Diskussion, aber veränderte Fakten: So wird der internationale Vorstand seit zwölf Jahren nur von Frauen geleitet, seit Januar 2007 von der Inderin Lalita Ramdas. Und auch an der Spitze der zwei größten Greenpeace-Sektionen (Deutschland und Niederlande) stehen weibliche Geschäftsführungen.

Weibliche oder männliche Macht? Das Gute: Nicht meine Macht als Singuläre zählt, sondern die unserer Organisation. Wie groß die gesellschaftliche Wirkung des Erfolges der Brent Spar-Bewegung war, lässt sich an einem Ereignis ermessen, das zu seinen unmittelbaren Folgen gehört und heute in Vergessenheit geraten ist: die Protestbewegung gegen die Ankündigung der französischen Regierung, im Sommer 1995 eine Serie von Atombombentests im Südpazifik durchzuführen. Wer heute hört, Greenpeace habe nach Shell nun auch eine Atommacht zur Aufgabe ihrer Pläne zwingen wollen, der könnte auf die Idee kommen, dies der Selbstüberschätzung einer Organisation zuzuschreiben, die weltweit hohes Ansehen genießt. Nur – Greenpeace war 1971 aus dem Protest gegen Atombombentests entstanden und hatte seitdem schon etliche Male gegen französische Atomtests Aktionen durchgeführt. Und Greenpeace hatte wie bei Brent Spar auch bei dieser Kampagne die Unterstützung weiter Teile der Öffentlichkeit. „Weltmacht Greenpeace", titelte damals der Stern anerkennend. Über solche Schlagzeilen freuen wir uns.

Gleichzeitig müssen wir wachsam sein. Wir lassen bekanntermaßen keine Umweltsünder aus: Teil unserer Klimakampagne ist es zum Beispiel, gegen RWE vorzugehen. Das Energie-Unternehmen baut in Neurath bei Düsseldorf ein neues Braunkohlekraftwerk. Der CO_2-Ausstoß des Werkes entspricht den Abgasen von sechs Millionen Autos jährlich und trägt damit zu einem erheblichen Teil zur Zerstörung des Klimas bei. Um gegen diese Zerstörung vorzugehen, stellen wir unter anderem Aufkleber mit dem Slogan „RWE – Klimakiller Nr. 1 – Stopp Neurath", her. Aus Sicht des Unternehmens liegt unser Aufkleber nicht mehr im Rahmen der freien Meinungsäußerung. Mit einer Klage gegen Greenpeace wehrt sich RWE und verleugnet den Klimawandel vor Gericht. Da heißt es, Haltung und Nerven zu bewahren und die Ziele nicht aus den Augen zu verlieren. Denn ich trage die Gesamtverantwortung für alles, was in Deutschland unter dem Namen Greenpeace unternommen wird. Als Stellvertreter habe ich mir mit Roland Hipp einen Mann (ja, einen Mann) ausgesucht, der meine Grundprinzipien teilt, viel Erfahrungen mit schwierigen Situationen hat und auf den ich mich verlassen kann. Es gibt viele tapfere Leute bei Greenpeace. Wir wirken und haben Einfluss und die gesellschaftliche Akzeptanz unserer Umweltschutzarbeit ist enorm hoch. Meine Arbeit für Greenpeace ist für mich politisches Handeln – ein Weg der Emanzipation und ein Stück weit Selbstentfaltung.

Cluster 4
Netzwerke und Hintergrundskreise

Bereits im 18. und 19. Jahrhundert war Berlin bekannt für seine Salonkultur, die zur Diskussion von aktuellen Themen, aber auch zur Pflege von Netzwerken einlud. Damals wie heute bringen Netzwerke Menschen mit unterschiedlichem Hintergrund zusammen mit dem Ziel, für beide Seiten zumindest einen interessanten Gedankenaustausch zu ermöglichen. Im besten Fall ermöglicht das Netzwerk aber auch einen geschäftlichen Vorteil. Dieser Aspekt von Netzwerken wird zwar immer wieder kritisch hinterfragt, aber im Gegensatz zu früher stehen solche Netzwerke heute nicht mehr nur einer ausgewählten Elite zur Verfügung, sondern jeder ist in der Lage Kontakte zu knüpfen – sei es durch gemeinnütziges Engagement, Sport oder durch die Berufstätigkeit – und dadurch ein Netzwerk aufzubauen.

Im politischen Berlin bieten sich jeden Abend unzählige Möglichkeiten bei Veranstaltungen mit anderen Akteuren ins Gespräch zu kommen. Alle Player im Bereich der Politikberatung wie Unternehmensrepräsentanzen, Agenturen und Verbände unterhalten Gesprächskreise, Hintergrundzirkel oder veranstalten regelmäßig Informationsabende zu aktuellen Themen. Die Mitgliedschaft in solchen Netzwerken erhöht das Verständnis für die komplexen politischen Strukturen. In der Praxis bedeutet das für Menschen, die im weiten Feld der Politikberatung tätig sind, dass sie erkennen, wer nicht nur formal für bestimmte Bereiche zuständig ist und von welchen Personengruppen Entscheidungen letztendlich beeinflusst werden.

Unterschieden werden kann grundsätzlich zwischen Netzwerken, die sich aufgrund der Affinität zu einem bestimmten Thema zusammenschließen, Hintergrundzirkel, zu denen man eingeladen wird oder Personengruppen, die sich aufgrund von gemeinsamen Interessen zusammenschließen. Zu den themengebundenen Netzwerken gehören neben Organisationen mit wirtschaftlichem Bezug wie beispielsweise dem Wirtschaftsrat auch das Deutsch-Russische Forum und die Atlantik-Brücke, die einen regionalen Schwerpunkt legen. Diese Kontaktbörsen laden regelmäßig zu Veranstaltungen ein, um allen Interessenten die Möglichkeit zum Dialog zu bieten und gleichzeitig die relevanten Themen auf die Agenda der öffentlichen Diskussion zu setzen.

Deutlich elitärer und hintergründiger präsentieren sich Lobbyistenzirkel wie beispielsweise das „Collegium", ein Zusammenschluss von Lobbyisten der Dax 30-Unternehmen, oder der „Dreißiger Mulitplikatoren-Club". Frischen Wind brachte hingegen die Gründung der „Jungen Lobby" in die politischen Netzwerke, die sich nach dem Umzug von Bonn nach Berlin neu etablieren mussten. Eine Neugründung auf dem Berliner Veranstaltungsparkett ist auch der Zukunftssalon, der drei bis vier mal im Jahr ausgewählte Teilnehmer aus Wirtschaft, Politik und Wissenschaft unter 45 Jahre einlädt. Hier kommt man zusammen, um sich mit Zukunftsthemen zu beschäftigen und Kontakte zu pflegen.

Der Aspekt der Kontaktpflege steht im Mittelpunkt der Initiative „VICTRESS". Hier ist man überzeugt, dass Kontakte einen entscheidenden Mehrwert bieten können, der von Frauen bisher nur unzureichend genutzt wurde. Gerade bei der Karriereplanung zeigt sich, dass ein gutes Netzwerk auch die Tür zum Traumjob öffnen kann. Unter dem Titel „employee referal program" setzen große Unternehmen wie Microsoft deshalb ganz gezielt auf die Vermittlung von neuen Mitarbeitern durch die eigenen Arbeitskräfte.

Beim Netzwerken sollte man jedoch berücksichtigen, dass es nicht auf die Quantität, sondern auf die Qualität ankommt, denn nur belastbare Kontakte können im Bedarfsfall auch genutzt werden. Ein wichtiger Gradmesser für die Qualität von Kontakten ist das vorhandene Vertrauen zwischen den Akteuren und die Wahrscheinlichkeit, dass sich für beide Seiten irgendwann mal eine win-win-Situation ergibt. Über den konkreten Vorteil, der sich durch den richtigen Kontakt im richtigen Moment ergibt, bieten Netzwerke aber auch die Möglichkeit sich informell auszutauschen und von einander zu lernen. Denkt man diesen Aspekt weiter, bieten auch Mentorenprogramme oder die Nachwuchsförderung, die oft von Stiftungen unterhalten werden, die Möglichkeit sich weiterzuentwickeln und eine Karriere gezielt zu planen.

Im Portrait

Sonja Müller
Vorsitzende der
Initiative Victress e.V.

Was bei ihr als erstes auffällt sind die langen, braunen offenen Haare. Ein echter Hingucker – und das erlebt sie auch meist, wenn sie einen Raum mit vielen Männern betritt. Doch viel Zeit zum Staunen über so viel Weiblichkeit in einem spröden Konferenzsaal bleibt nicht: Sonja Müller ist mit all ihren Ideen einfach zu präsent. Sie erklärt, macht und tut – und bei allen Zuhörern wächst nicht nur die Aufmerksamkeit, sondern meist auch die Begeisterung.

Die Idee zu VICTRESS hatte sie nach ihrer Rückkehr nach Deutschland, da ihr die hierzulande geführte Vereinbarkeitsdebatte und der Kampf von Nur-Müttern gegen Karrieremütter vor dem Hintergrund ihrer Auslandserfahrungen äußerst befremdlich erschien. Dass diese Initiative zur Erhöhung des Frauenanteils in Führungspositionen nicht ein rein weibliches Netzwerk zum Mauscheln und Jammern ist, wird schnell deutlich, wenn man eine der Veranstaltungen besucht. Hier stehen Frauen und Männer zusammen im Gespräch, diskutieren gemeinsam – verbunden in der Idee, dass man nur gemeinsam einen Wandel der Gesellschaft erzielen kann.

Selbstverständlich nutzt sie jede Gelegenheit, um für VICTRESS zu werben. Als Unternehmerin mit eigener Unternehmensberatung und so genannte „Natural Born Networkerin" fällt ihr das nicht schwer. Gegenüber Frauen muss sie meist nicht viel erklären. Gegenüber Männern muss sie manchmal mehr Worte verlieren, überzeugt sie aber auch schnell von der Notwendigkeit ihres Engagements. Die sachlichen Gründe geben ihr einfach Recht. Und wenn ein Mann vielleicht nicht sofort überzeugt ist, arbeitet sie manchmal auch mit den Waffen einer Frau und schenkt ihm ein aufmunterndes Lächeln. Denn Frau bleiben ist auch eins der Motti von Victress.

Von der Küche ins Kanzleramt: Warum es Hoffnung für die deutsche Gesellschaft gibt

Das Eva-Prinzip wünscht sich die Mütter zurück an den Herd, in anderen Büchern wollen die Autoren mehr Frauen an der Wirtschaftsfront, Wertkonservative träumen von der heilen Familie während sich Silvana Koch-Mehrin in ihrem Buch „Schwestern" für mehr Rabenmütter stark macht. Vereinbarkeits- und Krippenplatzdiskussionen füllen Zeitungen und Talkshows und wühlen die deutsche Volksseele auf. Dabei haben wir doch eine Kanzlerin, die beweist, dass Frauen hierzulande alles schaffen können. Angela Merkel bewegt allein durch die Bilder, auf denen sie in einem pastellfarbenen Jackett umringt von Anzugträgern auf G8-Gipfeln zu sehen ist oder als einzige Frau neben männlichen Staatschefs und Generälen an Ehrengarden entlang schreitet, mehr in den Köpfen der Menschen als es 100 Gesetze zur Gleichberechtigung je verändern könnten. Die deutschen Frauen können alles erreichen, doch sie streben merkwürdigerweise selten danach. In Sachen Führungspositionen ist Deutschland Schlusslicht in Europa aber auch bei der Erwerbs- und Kinderquote.

Die dicksten Strippen ziehen hierzulande immer noch fast ausschließlich die Männer und die wenigen Strippenzieherinnen ziehen lieber im Verborgenen. Doch das muss nicht so bleiben und die aktuellen Diskussionen zeigen, dass Bewegungsbedarf besteht und wir jetzt eine einzigartige Chance haben, die Weichen für die Zukunft zu stellen.

Wettbewerbsfaktor Frau für den Standort Deutschland

Deutschland braucht nicht nur gut ausgebildete Frauen, sondern solche, die ihre Qualifikation auch tatsächlich beruflich umsetzen, wie kürzlich auch Bundeskanzlerin Merkel betonte. Das sei eine wichtige Voraussetzung, um im globalisierten Wettbewerb mitzuhalten. Es ist eine volkswirtschaftliche Fehlinvestition, dass Frauen sich jahrelang ausbilden lassen und studieren, aber nicht in die Pflicht genommen werden, ihre Qualifikation zum Wohle der Wirtschaft einzusetzen und eine geringer bezahlte, aber dafür ausgebildete Kraft die Erziehung übernehmen zu lassen, was besser für Kinder, Mütter und Wirtschaft ist. All jene Wohlfahrtsstaaten haben vergleichsweise hohe Geburtenraten, die Menschen in ihren Lebensplanungen unterstützen, anstatt eine Trennung zwischen Erwerbs- und Familienrolle zu fördern.

Wer will, dass Frauen mehr Führungsverantwortung ausüben, muss auch die Männer bei der Vereinbarkeit von Beruf und Familie unterstützen. In Deutschland ist man noch weit davon entfernt. Stattdessen verstrickt man sich in Mütterdiskussionen, aufgeschreckt durch demografische Entwicklungen und Sorgen um die Erhaltung der Deutschen. Gern wird dabei übersehen, wie eng Emanzipation, Karriere und Kinder miteinander verknüpft sind. Der uralte und hierzulande als ungeschriebenes Gesetz ewig wiederholte Gegensatz von Kind und Karriere gilt andernorts als überholt. Statistiken belegen, dass Frauen da, wo sie stark am Arbeitsmarkt partizipieren, auch mehr Kinder bekommen. Viele Frauen mit vielen Kindern arbeiten viel und trauen sich viel zu. Siehe Frankreich, wo 62% der Menschen der Überzeugung sind, Beruf und Kinder ließen sich gut vereinbaren, was die hohen Geburtenraten beweisen. In Deutschland denken das nur 22% wie eine aktuelle Studie herausfand.

Oft wird behauptet, dass durch die demografische Entwicklung bald kein Weg mehr an den Frauen vorbeiführt. Richtig ist, dass bereits jetzt mit dem Anrollen des Wirtschaftswachstums der Wettbewerb um Talente in Gang gesetzt wurde. Richtig ist, dass die Volkswirtschaft nicht auf die Hälfte der hoch qualifizierten Menschen verzichten kann. Falsch ist, dass Lücken unbedingt durch deutsche Frauen geschlossen werden. Hier ist mit starkem Wettbewerb aus dem Ausland – männlicher und weiblicher Natur – zu rechnen, also müssen die deutschen Frauen auch mitmachen, um von der Entwicklung zu profitieren.

Wettbewerbsfaktor Frau im Unternehmen

Unternehmen brauchen Spitzenleute an der Spitze – monogeschlechtliche Führungsteams sind ein Auslaufmodell. Ziel muss sein, männliche und weibliche Kräfte zu höherer Leistungsfähigkeit zu vereinen. Gemischte Führungsteams sind erfolgreicher, wie Studien aus den USA belegen. Börsennotierte Unternehmen mit gemischter Führung schnitten dort bis zu 30% besser ab als homogen geführte Firmen.

Über 80% der Kaufentscheidungen im Konsumgüterbereich werden von Frauen getroffen. Niemand wird allen Ernstes behaupten wollen, dass es sinnvoll ist, diese Produkte von rein männlichen Teams entwickeln und vermarkten zu lassen. Und doch geschieht dies immer noch. Männer entwickeln einen Kühlschrank, der spricht, Frauen möchten gerne einen, der zuhört. Wo der Gender Aspekt in Forschung, Entwicklung und Marketing miteinbezogen wird, können kostspielige Fehlentwicklungen vermieden und Marktnischen elegant erschlossen werden.

Es geht natürlich auch um Qualität im Arbeitsleben für alle und darum, dass die Balance zwischen Arbeit und Freizeit bzw. Familienleben neu austariert werden muss. Auch Männer wünschen sich zunehmend mehr Flexibilität, um sich um ihre Familien zu kümmern. Unternehmen fangen daher langsam an, sich zu wandeln – hin zu mehr Familienfreundlichkeit – und das mit erkennbaren Erfolgen. Die Auswirkungen von Maßnahmen zur besseren Vereinbarkeit von Beruf und Familie sind messbar und ergebnisrelevant: Wenn Mitarbeiter sich diesbezüglich gut aufgehoben fühlen, sind sie treuer, seltener krank und zeigen mehr Einsatzbereitschaft.

Initiativen zur Förderung von Mixed Leadership müssen daher Chefsache sein und von oben angestoßen werden, nicht aus der Ecke der Gleichstellungsbeauftragten. Anreizsysteme müssen deutlich machen, dass Chancengleichheit erwünscht ist, z.B. durch Incentiveprogramme und Zielvereinbarungen. Erfolg versprechend sind echte Meriokratien (wie z.B. bei den großen Unternehmensberatungen), wo Fortkommen nur von Leistung abhängt. Wo fair gemessen wird – nämlich der erbrachte Mehrwert, nicht die geleisteten Stunden, kommen auch Frauen voran.

Der deutsche Sonderweg – Erklärungsversuche

Die Gründe dafür, dass es hierzulande so wenig Frauen in einflussreichen Spitzenpositionen gibt, werden häufig, kontrovers und leidenschaftlich diskutiert. Einig ist man sich eigentlich nur darüber, dass die Ursachen vielfältig und komplex sind. Folgende Faktoren werden angeführt:

Die Frauen selbst! Negative Selbstbewertung (Das kann ich nicht; Das bin ich nicht), Selbstdarstellung und mangelnde Bereitschaft, für Macht zu kämpfen

Einflüsse in Elternhaus, Kindergarten und Schule

Wahl des Studien/Ausbildungsfaches (typisch weibliche Fächer/Berufe)

Mangelnde Arbeits-, Berufs-, Bildungsberatung

Ungünstiges Arbeitsumfeld im Unternehmen

Zu wenig Netzwerk-Aktivitäten, Mentoring, Verbandsarbeit

Politische Rahmenbedingungen auf lokaler, Landes-, Bundes- und EU-Ebene

Einfluss der Gesellschaft in Bezug auf Werte, Familie, Partnerschaft, Work-Life Balance

Den ersten und den letztgenannten Faktor, also die Frau selbst und die Wahrnehmung ihrer Rolle und ihres Selbstverständnisses in der Gesellschaft sind besonders wichtig. Es sind die Stellschrauben, mit denen all die anderen Faktoren in die richtige Richtung bewegt werden können.

Frauen mit Höhenangst

In unzähligen Artikeln und Büchern wird darüber philosophiert, woran es liegt, dass viele Frauen einfach streiken, wenn es darum geht, die höchsten Stufen der Karriereleiter zu erklimmen. Ist es wirklich das „schlimme" System oder sind es die bösen Chefs? Oder liegt es vielmehr daran, dass Frauen sich und ihre Leistungen meist miserabel vermarkten und ihr Licht unter den Scheffel stellen, statt allen zu zeigen, wie kompetent sie sind? Dass sie es nicht schaffen, ihre Karriere zielgerichtet zu planen und sich rechtzeitig starke Verbündete und Förderer zu suchen?

Gleich und gleich gesellt sich gern

Unternehmenshierarchien funktionieren nach männlichen Prinzipien und lassen Frauen, die angeblich aufstiegswillig sind, in die Defensive gehen. „Die Chemie muss stimmen." Wer würde diesen Satz nicht unterschreiben? Geht es um Erfolg im Beruf, ist es einfacher für Männer, wenn sie unter sich bleiben. Ein Mann weiß, wie ein Mann tickt. Weibliche Kultur wird als fremde Kultur angesehen. Kommt eine ehrgeizige Frau ins Spiel, sorgt das zuerst einmal für Irritation. Handelt sie gemäß dem tradierten Rollenbild, wirkt sie zu zurückhaltend und entspricht nicht den Anforderungen, die man an eine Führungskraft stellt. Geht sie selbstbewusst und offensiv vor, gilt sie als undiplomatisch und karrieregeil. Was Männer ambitiös erscheinen lässt, kann Frauen als krankhafter Ehrgeiz ausgelegt werden. Zielstrebigkeit wird Zickigkeit, Dynamik zu borniertem Auftreten.

Frauen werden nur als Zufälle, Unfälle oder Musterfälle an der Spitze ertragen – und zwar von beiden Geschlechtern. Das entbehrt nicht einer gewissen Logik: wenn es früher unüblich war, dass Frauen genauso schnell wie Männer in der Hierarchie aufsteigen, wirkt ein rasanter Aufstieg wie positive Diskriminierung und kann nicht mit rechten Dingen zugegangen sein. Der Versuch, Ausgrenzungsmechanismen mittels Frauennetzwerken zu begegnen, nutzt da wenig. Wenn keine Beteiligten in Machtpositionen sind, können logischerweise keine Seilschaften gebildet werden. Da hilft nur die kritische Masse von geschätzten 30 Prozent Frauenanteil, um die Kultur zu ändern. Aber die wird natürlich nicht erreicht, solange die defensiveren Damen sich elegant im Hintergrund halten.

„Männlich" und „Weiblich" sind Dialekte

Von unterschiedlichen Kommunikationsformen bei Männern und Frauen ist die Rede, wobei Männer eher hierarchiebewusst und Frauen eher vernetzt kommunizieren. Letztere bilden außerdem mehr „Subtexte", an denen Männer scheitern, weil sie die weiblichen kommunikativen Codes nicht entschlüsseln können. Sachliche Auseinandersetzungen werten viele Frauen als persönlichen Angriff und ziehen sich daraufhin eher zurück, als den Schlagabtausch als sportlichen Wettkampf zu betrachten. Frauen müssen definitiv bilingual werden, um in einem immer noch männlich geprägten System mitreden zu können. Es hilft nichts, auf das System zu schimpfen und sich beleidigt zurückzuziehen, da man von außen sowieso nichts verändern kann. Lernen, trainieren und mitspielen heißt die Devise.

Männer nehmen den weiblichen Einfluss meist als ausgesprochen positiv war. Wenn eine Frau zu einem vorher ausschließlich männlichen Team stößt, sind sich nach einer kurzen Gewöhnungzeit fast immer alle einig, dass die neue Mischung eine Bereicherung darstellt und die Atmosphäre verbessert. Perspektivenvielfalt ist heute notwendig, weil sie Wissensvorsprung bedeutet und letztlich sind gemischte Teams die erfolgreichsten.

Gläserne Decke Marke Eigenbau

Immer wieder werden Vorurteile als Karriereblocker aufgeführt, die sicherlich mehr oder weniger bewusst in vielen Köpfen vorherrschen. Frauen in Managementpositionen sind grundsätzlich ehrgeizig, halten aber geschlechtsspezifische Vorurteile noch immer für ein ernsthaftes Hindernis auf dem Weg nach oben. Zum Beispiel: Frauen seien zu emotional und zu wenig durchsetzungsstark und sowieso weg, wenn das erste Kind da ist und falls sie wiederkommen nur in Teilzeit oder sonst irgendwie nicht voll belastbar. Das ist allerdings eine sich selbst erfüllende Prophezeiung: wenn die gebrachten Leistungen, aus welchen Gründen auch immer, nicht anerkannt werden, ziehen viele Frauen die Notbremse. Sie wählen tatsächlich irgendwann den Heldinnenausstieg Familie und küssen den Prinzen als den Erlöser aus der bösen Berufswelt. Die Lust zum weiteren Karrierekampf vergeht, wenn der Versorger am Haken und das Kind an der Brust ist.

Frauen bekommen Angst, wenn sie kurz vor dem Sprung nach oben stehen. Das geht Männern genauso, aber sie springen trotzdem, da sie ihre Angst besser zu überwinden wissen. Beruflichen Erfolg gibt es nicht geschenkt, weder für Frauen noch für Männer, nur Frauen sind einfach schlechter trainiert, sich durchzusetzen. Wer nicht kämpft, hat schon verloren.

Wenn sie erst einmal oben angekommen sind, agieren Männer und Frauen ähnlich, beide zeigen deutliche Tendenzen zum autoritären Verhalten. Gerade in Großunternehmen suchte das St. Gallener Institut für Führung und Personalmanagement nach Unterschieden im Führungsstil und fand keine. Es wurde eher geschlechtsneutrales, entscheidungsorientiertes Verhalten bei Chefs beider Geschlechter festgestellt.

Viele der aufgeführten Gründe sind schlicht faule Ausreden, denn wer etwas wirklich will, zahlt dafür auch gerne einen Preis – wie auch immer der aussieht. Rückschläge in Kauf nehmen, Opfer bringen, nicht immer perfekt sein können – das gehört dazu. Ich kenne viele Frauen, die ein glückliches Familienleben führen und gut geratene Kinder haben, und trotzdem nicht immer dabei sind, wenn diese zu Bett gehen, weil sie für ihren Job durch die Welt reisen. Und ich behaupte, dass es ihnen und ihrer Familie besser geht als wenn sie auf ihre Karriere verzichtet hätten.

Macht als Bremsfaktor

Warum streben die meisten Frauen nicht so engagiert und verbissen nach Macht wie ihre männlichen Kollegen? Warum verweigern sie sich, wenn der Wettkampf zu anstrengend und zu politisch wird, und nennen als Grund, dass sie keine Lust auf alberne Machtspielchen haben? Oder schieben andere Gründe vor, die kurzfristig zwar in der Argumentation helfen, aber Frauen grundsätzlich unsichtbarer werden lassen. Wie kommt es, dass der Jungmanagerin an Statussymbolen wie Fahrer, Riesenbüro und Spesenkonto nicht ansatzweise soviel liegt wie dem ehrgeizigen Jungmanager? Weil sie potentielle Partner damit nicht nur nicht beeindruckt, sondern womöglich sogar verschreckt? Möglich.

Lieber machtlos als unbeliebt

Wie bei Männern ist bei Frauen die Machtfrage sexualisiert und der Wert oder Unwert einer Frau als Objekt davon betroffen. Mächtige Männer sind männlich, mächtige Frauen sind unweiblich. Männliche Macht ist ein Aphrodisiakum, weibliche ein Potenzkiller. Männer können sich ihrer Macht brüsten, Frauen müssen sich für Macht entschuldigen. Sie stehen unter dem Druck, attraktiv sein zu wollen: Frauen müssen sich also entscheiden: Wollen sie Macht haben – oder wollen sie begehrt und geliebt werden? Da der Wert einer Frau traditionell von ihrem Begehrtwerden abhängig ist, lautet die Entscheidung einer Frau gemeinhin: Lieber machtlos als unbeliebt sein. Sie wählen von vornherein Studienfächer, die schlechtere Karrierechancen und Verdienstmöglichkeiten bieten. Sind sie in Unternehmen tätig, sammeln Frauen zuwenig Erfahrung in Linienfunktionen und im General Management um für Vorstandspositionen in Frage zu kommen. Da sie nicht unter dem Druck stehen, möglicherweise eine Familie ernähren zu müssen, machen Frauen ihre Entscheidung, ob und für wen sie arbeiten, weniger vom Geld abhängig als Männer. Dazu passt ein Witz, der unter Personalern kursiert: „Willst du nicht, dass sich eine Frau auf eine Stelle bewirbt? Dann schreibt sie einfach hoch dotiert aus!"

Je schlauer, desto einsamer

Die klassische Arbeitsteilung ist hierzulande immer noch weit verbreitet und gilt – laut aktueller Shell-Jugendstudie – heute unter den Jugendlichen wieder zunehmend als attraktives Arrangement. Wenn Frauen karrieremäßig aufholen, ändert sich zuhause der Kommunikationsstil. Es wird wie im Büro von Männern argumentiert und die Diskussionen am Küchentisch ähneln immer mehr aufreibenden Debatten und Verhandlungen. Nicht unbedingt eine attraktive Vorstellung für viele. Evolutionstechnisch scheint eine untergeordnete Frau leichter zufrieden zu stellen und kontrollierbar und lässt die Gefahr sinken, ein Kuckucksei ins Nest gesetzt zu bekommen. Piloten heiraten Stewardessen, Ärzte Krankenschwestern und nicht die Chefärztin. Frauen in untergeordneten Stellungen haben im hart umkämpften Heiratsmarkt die Nase vorn. Erfolgreiche Frauen finden nicht leicht einen zumindest ebenbürtigen Mann, der sich auch für sie interessiert. Britische Forscher fanden heraus: Je klüger der Mann desto attraktiver, bei den Frauen verhält es sich umgekehrt. Die Chancen Single zu bleiben, steigen mit dem IQ. Mit jeder Steigerung des IQ um 16 Punkte steigen seine Heiratschancen um 35% während ihre um 40% sinken!

Macht für alle

Dennoch ist Macht grundsätzlich genauso erstrebenswert für Frauen wie für Männer. Das Gegenteil von Macht ist Ohnmacht. Nur wer entscheiden kann, kann etwas erreichen, bewegen, durchsetzen. Wenn Frauen Macht als Möglichkeit zur Gestaltung erkennen können, bekennen sie sich leichter zu Machtstreben.

Die gute Nachricht: Mann und Frau unterscheiden sich in den Anlagen nach neuesten neuropsychologischen Erkenntnissen kaum. Und wo sich das Gehirn unterscheidet, spielt es für den Alltag so gut wie keine Rolle. Selbstverständlich ist Geschlecht primär eine biologische Gegebenheit, aber die natürliche Geschlechterordnung ist es nicht. Sie wird gemacht, und kann daher in Frage gestellt und verändert werden. Das bedeutet, dass die Kultur der entscheidende, da prägende Faktor ist. Wir sollten uns also frei machen vom Glauben an die Biologie und müssen uns nicht mehr als Opfer von Hormonen fühlen. Das heißt, es gibt Hoffnung und wir können auch in Deutschland etwas ändern.

Selbstvermarktung und Networking

Frauen nehmen sich nicht, was ihnen zusteht, sind zu höflich, zu schwach, zu lieb. Hier spielt die Angst vor Entblößung mit, denn der letzte Schritt nach ganz oben bedeutet Öffentlichkeit, Sichtbarkeit, Angreifbarkeit, Einsamkeit und nicht zuletzt die Möglichkeit zu Versagen, die Männer meist gar nicht erst als reale Gefahr einstufen. Bekommt eine Frau endlich eine überfällige Beförderung angeboten, fragt sie sich, ob sie sich das zutraut. Der Mann in der gleichen Situation fragt sich, warum es so lange gedauert hat.

Haben Frauen etwas erreicht und werden gelobt, machen sie es nicht an ihrer Person fest, sondern danken dem Team, ohne das sie es nie geschafft hätten. Sie prahlen und protzen nicht, sondern versuchen, durch Leistung zu überzeugen. Ohne Leistung geht es nur selten, aber ohne Marketing in eigener Sache und eine positive Selbstdarstellung geht es nie. Statt eigene Ideen selbstbewusst darzustellen, sichern sie sich vorher bei anderen ab und wundern sich, wenn ein anderer schneller ist und die Idee als die eigene verkauft. Tue Gutes und sprich darüber, lautet die Devise.

Der Auf- und Ausbau eines persönlichen und die Zugehörigkeit zu verschiedenen formalen Netzwerken sind ebenfalls essentiell für die Selbstvermarktung. Hierbei ist auch die effektive und intelligente Nutzung entscheidend. Geben und Nehmen und vor allem: konkret um Hilfe bitten.

Netzwerke sind die neue Währung in einer hoch individualisierten Gesellschaft. In Zukunft wird der Netzwerkfaktor bei Einstellungsgesprächen oder Assessment-Centern eine entscheidende Rolle spielen. Wer kein Netzwerk hat, ist verloren. Wenn erfolgreiche Frauen sich hier – zusätzlich zu ihren berufs- und branchenorientierten Verbindungen – auch besonders für Frauen engagieren, ist das sicherlich sehr sinnvoll. So können sie als Mentor fungieren, den weiblichen Nachwuchs fördern und als positives Vorbild dienen.

Wer Strippen ziehen will, muss sich erst einmal in ein komplexes System einweben und von dort aus agieren. Vielleicht sind Frauen im beruflichen Kontext anfangs nicht so geübt darin, da ihnen das Gespür für Machtverhältnisse und Hierarchien fehlt (s. o.). Ab einer gewissen Ebene networken Frauen jedoch nicht grundsätzlich anders als Männer, die Unterschiede sind eher typ- als geschlechtsabhängig.

Vorbilder erleben

„So sehen Sieger aus" – wurde unseren Weltmeisterinnen im Fußball, einer klassischen Männerdomaine zugejubelt. Das macht sie zu ermutigenden Vorbildern, zu so genannten role models. Seit die deutschen Fußballerinnen Europameisterinnen und später Weltmeisterinnen wurden, ist die Anzahl der in Fußballvereinen spielenden Mädchen rasant gestiegen. Denn Sieg hat Appeal – Sex Appeal. Menschen brauchen Vorbilder, vor allem, wenn sie jung und in der Orientierungsphase sind. Denn sie werden von Menschen, die ihnen vorleben, was möglich ist und was nicht, ermutigt und geprägt. Die richtigen Vorbilder leuchten so stark, dass es schade wäre, diesen Magnetismus nicht zu nutzen.

Männer haben Vorbilder und Idole. Sie können aus mehreren Jahrtausenden Geschichte wählen: von Sokrates, Goethe, Einstein oder Picasso über Muhammed Ali bis zu David Beckham, Schwarzenegger und Robby Williams. Männer haben zudem einen pragmatischeren Umgang mit Vorbildern. Frauen wählen ihre Idole als Leitfigur für das ganze Leben aus, Männer dagegen suchen sich Vorbilder für den jeweiligen Lebensabschnitt. Sie stellen weniger hohe Ansprüche, fordern nicht, dass ein Vorbild in allen Bereichen perfekt sein muss, sondern knüpfen an konkrete

Lebensumstände an. Sie haben also Vorbilder, die ihnen irgendetwas vorabhaben, was ihnen im Hier und Jetzt gerade nützlich sein kann.

Für Frauen gibt es ein regelrechtes Verbot, sich selbst als Vorbild zu begreifen oder gar darzustellen. Denn das hieße ja, dass eine Frau sich selbst ernst nimmt. Das hieße, dass sie der Auffassung ist, sie habe Beispielhaftes geleistet. Das hieße, dass sie glaubt, sie sei prägend für den Lauf der Dinge und für das nach ihr Kommende. Kurzum, es hieße, dass sie sich erdreistet, aus der ersten Reihe vorzutreten – statt sich in der zweiten zu verstecken. Frauen der ersten Reihe waren Hexen, Huren, Wahrsagerinnen – verdrängt an den Rand der Gesellschaft und weit davon entfernt, Vorbild zu sein.

Vorbildsein ist unlösbar mit Machthaben verknüpft. Viele Frauen haben ihre Machtlosigkeit verinnerlicht und verklären diese auch noch. Sie sind stolz darauf, keine Verantwortung tragen zu müssen oder kokettieren mit der Macht innerhalb der Familie, wie gut der Mann oder die Kinder oder alle zusammen ihr gehorchen. Gesellschaftliche Macht scheint vielen Frauen das Böse an sich zu sein, sie möchten damit nichts zu tun haben. Sie kennen sich bestens in der Politik aus, aber gehen nicht zur Wahl. Sie wissen alles besser, stellen ihr Wissen aber nicht zur Verfügung. Auch wenn sie in Wahrheit nach Macht streben, weisen sie dies als Unterstellung gerne weit von sich. Eine Frau, die sich nicht selbst verachtet, die stark ist und auch noch zu Recht stolz, die ist, ob sie will oder nicht, automatisch eine Herausforderung für alle Frauen: Seht her, es geht auch anders…

Dem Standort Deutschland mangelt es eindeutig an einflussreichen Frauen, die auch als Vorbilder in die Gesellschaft hineinwirken und ermutigend aufrufen, das Wagnis Karriere einzugehen. Die mit Freude nicht nur viel Geld verdienen, sondern es auch gerne sinnvoll wieder ausgeben. Und diejenigen, die es gibt, scheuen oft das Licht der Öffentlichkeit. Das ist verständlich, wird man doch gern in Deutschland abgestraft, wenn man zu schlau, erfolgreich und gar noch attraktiv ist, wie z.B. die Kritik an Frau von der Leyen zeigt. Frauen, die über 100 000 € im Jahr verdienen, sind hierzulande rar gesät. 43% von ihnen haben eine Mutter, die selbst im Beruf erfolgreich, also ein Vorbild, war.

Keiner würde einen Mann fragen, wie es ist, als Mann Karriere zu machen. Oder wie er Karriere und Kinder unter einen Hut bekommt. Frauen, die es geschafft haben, reagieren zu recht etwas gequält auf diese Top-Interview-Fragen. Das ist nachvollziehbar, aber trotzdem müssen Sie sich als Vorreiterin und Vorbild eben dazu äußern. Wenn nicht diese Frauen – wer sonst?

VICTRESS – Die Mischung macht's

Wir brauchen also den gesellschaftlichen Wandel, den Paradigmenwechsel, um Deutschland wettbewerbs- und zukunftsfähig zu machen. Hier müssen sich alle beteiligten Elemente der Gesellschaft in eine Richtung bewegen – eine große Aufgabe, aber keine unmögliche. Einen Beitrag dazu soll die VICTRESS Initiative e.V. leisten, die 2005 von Frauen und Männern gegründet wurde, die etwas bewegen wollen und können.

Die gemeinnützige VICTRESS Initiative e.V. hat das Ziel, den Anteil von Frauen in Führungspositionen zu erhöhen, um den Standort Deutschland zukunftsfähig zu machen. Die Vision ist die Erreichung der Machtbalance zwischen Mann und Frau in Wirtschaft und Gesellschaft.

VICTRESS ist als Lobby für das Thema „Führungsfrauen" zu verstehen, die ungenutztes weibliches Potential mobilisiert und Barrieren beseitigt, die dieses Potential an der Entfaltung hindern – insbesondere die Barrieren gesellschaftlicher Natur. VICTRESS ist Promoter und Forum für eine neue Generation ambitionierter Erfolgsfrauen, die gerne Verantwortung tragen und sich durch Kompetenz, Mut und Weiblichkeit auszeichnen. Durch den Dialog mit Medien, Wirtschaft und Politik schärft VICTRESS

168

das Bewusstsein bei den Meinungsführern für ein Anliegen, das uns alle angeht.

Was wir nicht sind: Wir sind kein FRAUENnetzwerk, denn wenn bei uns nicht zahlreiche Herren Strippen ziehen würden, gäbe es VICTRESS vermutlich gar nicht. Und wir sind kein FrauenNETZWERK, da alle Mitglieder und Unterstützer zwar je nach Bedarf ihre Kontakte und Netzwerke mit einbringen, das Vernetzen innerhalb der VICTRESS Familie aber eher zufällig und nicht als Selbstzweck bei unseren Aktivitäten und Projekten geschieht.

Was wir sind: Menschen mit einem gemeinsamen Anliegen, das wir zum Wohle der deutschen Wirtschaft und unserer Gesellschaft verfolgen und mit vereinter Kraft vorantreiben.

VICTRESS engagiert sich in den folgenden Aktionsfeldern:

Gesellschaft

Wichtigstes und übergeordnetes Thema ist die Förderung des gesellschaftlichen Wandels durch den Austausch veralteter Rollenklischees gegen moderne Leitbilder. VICTRESS betreibt hier Public Relations im klassischen Sinne, um die Botschaft an Entscheider und Adressaten zu tragen, die sich normalerweise selten mit „Frauenthemen" befassen: Wir beliefern Medien mit relevanten Fakten, Erfolgsbeispielen und Zitaten, platzieren Interviews und Artikel in Wirtschafts- und Publikumsmedien, beteiligen uns an Podiumsdiskussionen und organisieren öffentlichkeitswirksame Veranstaltungen wie zum Beispiel den alljährlich stattfindenden VICTRESS DAY. Dieser besteht aus einer Konferenz und einer Gala anlässlich der Verleihung des VICTRESS AWARDS, an der Persönlichkeiten aus Politik, Wirtschaft, Medien und Gesellschaft teilnehmen. Wir netzwerken mit Ministerien, Parteien und wichtigen Verbänden, betreiben Agenda Setting und bieten eine Online Plattform zum öffentlichen Austausch. Eine zentrale Wichtigkeit bei allen Aktivitäten hat die Präsentation von erfolgreichen attraktiven Frauen als Leitbild und positives Signal für die Gesellschaft.

Frau

Das Sichtbarmachen von Leitbildern soll natürlich auch als Inspiration und Motivation für heranwachsende weibliche High Potentials und deren Umfeld dienen. VICTRESS motiviert Frauen in ihrer Bereitschaft zu kämpfen, Unangenehmes auszuhalten und einen Schritt nach vorne zu treten, auch wenn das zunächst schwer erscheint. Das Führungspotential zeigt sich nicht nur im Können, in der Kompetenz, sondern auch in der Fähigkeit, Mut zu beweisen und neue Wege zu gehen, auf denen andere folgen werden. Durch eine Kombination aus Coaching und Mentoringprogramm erhalten aufstiegswilligen Frauen die richtigen Werkzeuge, die ihnen helfen, mit den vielfältigen Herausforderungen umzugehen, die sie in Berufs- und Privatleben bereits beschäftigen oder noch erwarten. Auch die Arbeitgeberwahl ist für die Karriere von großer Bedeutung, da Unternehmen sich unterschiedlich stark im Bereich Führungsfrauenförderung engagieren und unterschiedliche Aufstiegschancen bieten. VICTRESS ist dabei, ein Rating zu entwickeln, das sowohl den Auswahlprozess für Frauen erleichtern als auch Ansporn für Unternehmen darstellen soll.

Unternehmen

Die Positionierung von gemischten Führungsteams als Business Case in der Wirtschaft ist eine weitere Aufgabe für VICTRESS. Vielen Unternehmen ist bereits klar, dass sie etwas tun müssen, doch fehlt es oft an Ideen, Knowhow und Best Practise Beispielen. Hier arbeiten wir eng mit unseren Mitgliedern und Partnerunternehmen zusammen und entwickeln Methoden, die Unternehmen helfen, sich für hoch qualifizierte Frauen attraktiv zu präsentieren und das so gemachte Versprechen zu halten. Um das Klima innerhalb des Unternehmens zu verbessern, bieten wir Awarenesstrainings und Coachings an, die einen positiven Nährboden für die Entwicklung der weiblichen Mitarbeiter schaffen.

Der VICTRESS-Faktor

Was VICTRESS in so kurzer Zeit so erfolgreich gemacht hat, ist der neu-artige Ansatz, einen altbekannten und wenig attraktiven Themenkomplex – Emanzipation, Frauenförderung, Gleichstellung und Diversity – mit Leichtigkeit und Leidenschaft zu kommunizieren. Gewürzt mit einer Prise Sex Appeal und angereichert mit einer Portion Life Style machen wir so Lust auf die dringend notwendigen Veränderungsprozesse. Die – meist männlichen – Entscheider fühlen sich davon genauso angesprochen und mitgenommen wie die weiblichen Alphafrauen, die keine Lust haben, mit vermeintlichen „Leidensgenossinnen" im eigenen Saft zu schmoren und über die schlimmen Rahmenbedingungen zu jammern.

Bei VICTRESS geht es nicht ums Fordern und Protestieren, sondern ums Anstoßen, Anfangen und Anpacken. Damit in Zukunft sowohl in der Familie als auch in der Wirtschaft gemischte Teams der Normalfall sind. Damit wir keine Vereinbarkeitsdebatten mehr führen, sondern Vereinbar-keit leben. Und damit es nicht mehr darum geht, ob Mann oder Frau, sondern nur noch darum, wer den Job am besten macht. Denn: Excel-lence knows no Gender!

Im Portrait

Dr. Bettina Pohle
Salonière des
Berliner Zukunftssalons

Sie geht noch einmal alle Tische ab. Sie prüft, ob alle Tischkärtchen richtig verteilt sind, denn diese sollen später den Gästen den Weg weisen. Ein paar letzte Handgriffe und der Kaisersaal erwartet die ausgewählten Teilnehmer in vollem Glanz. Mittendrin: Dr. Bettina Pohle, die Salonière und Gastgeberin dieser seit 1999 in Berlin etablierten exquisiten Abendveranstaltung. Entscheider aus Politik, Wirtschaft, Kultur und Gesellschaft werden am Abend zusammen kommen, um ein aktuelles Thema zu diskutieren und Anregungen mit in den Entscheidungsalltag zu nehmen.

Der Kreis ist handverlesen. Genommen wird nur, wer die Kriterien erfüllt: Eintrittsalter unter 45 Jahre, gehobene Position und Player im Berliner Spiel um Wissen, Macht und Einfluss. Als promovierte Literaturwissenschaftlerin legt Bettina Pohle jedoch Wert darauf, dass nicht nur (wirtschafts-)politische Themen auf der Agenda des Salons stehen, sondern auch die schöngeistigen Fragestellungen ihren Platz im Jahresprogramm finden.

Wichtig ist der Salonière stets die ausgewogene Mischung – bei den Referenten, den Gästen und bei der Diskussion. Um diese herzustellen arbeitet sie sich in jedes Thema intensiv ein und führt die Gäste so mit Witz, Charme und Kompetenz auch durch die Untiefen komplexer Sachverhalte. Doch auch vor Provokation schreckt sie nicht zurück, denn so kommt schließlich das Salz in die Suppe eines perfekten Salonabends im Kaisersaal am Potsdamer Platz.

Salonièren-Selbst-Gespräch

Gestatten Sie, dass ich mich vorstelle: Bettina Pohle, Salonière des *Berliner Zukunftssalons*. Das steht sogar auf meiner Visitenkarte, die ich selten aushändige, und wenn ich es tue, dann nie ohne auf den verblüfften Gesichtsausdruck des Empfängers der Karte zu warten. Nein, ich frisiere keine Haare und ich bin auch keine Puffmutter. Als Salonière eines der wenigen traditionsverbundenen aber neuzeitlichen, authentischen, und seit 1999 fest etablierten politischen Salons Berlins bin ich Gastgeberin, Moderatorin, Vermittlerin, Dame des Hauses, Gesprächspartnerin, Zeremonienmeisterin, Dozentin, Ansprechpartnerin und symbolischer Ausdruck einer – wieder aufgenommenen – Tradition, in einem Wort: Salonière.

„Was überhaupt ist ein Salon? Aufgrund der Vielschichtigkeit dieses kulturhistorischen Phänomens gibt es keine festumrissene, allgemein verbindliche Definition. Einige Merkmale aber treten konstant auf und vermögen ihn annähernd zu bestimmen. Im weitesten Sinne stellt der Salon eine zweckfreie, zwanglose Geselligkeitsform dar, deren Kristallisationspunkt eine Frau bildet. Die Gäste, die sich regelmäßig und ohne besondere Aufforderung zu einem Jour Fixe einfinden, die so genannten Habitués, pflegen miteinander einen freundlichen Umgang. Sie gehören verschiedenen Gesellschaftsschichten und Lebenskreisen an. Die Konversation über literarische, philosophische oder politische Themen verbindet sie [...]"[17]

Stimmengewirr, das Klingen von Gläsern, gedämpftes Licht, ein schöner Raum. Gäste treffen ein, sie werden von der Salonière individuell begrüßt, einander vorgestellt, mit einem Getränk versorgt. Die Meisten sind seit vielen Jahren dabei und Freunde geworden, manche sind erst seit kurzem

---

[17] Verena von der Heyden-Rynsch: Europäische Salons. Höhepunkte einer versunkenen weiblichen Kultur. Artemis & Winkler Verlag, Düsseldorf/Zürich 1992, S. 16.

Salonteilnehmer, wieder andere sind das erste Mal oder als Gast da. Man begrüßt einander, Gesprächsfetzen hängen in der Luft, Lachen, hin und wieder das Blitzlicht eines Fotografen.

„In den mehr als 90 Berliner Salons der Zeit zwischen 1780 und 1914 verkehrten Dichter und Philosophen, Theologen und Naturwissenschaftler, Politiker und Wirtschaftsleute, Prinzen und Studenten, Schauspielerinnen und Familienmütter, Maler, Bildhauer und Musiker [...]"[18]

Wenn die ersten Gäste des Abends eintreffen, ist der große Teil der Arbeit bereits abgeschlossen. Menüplanung, Absprachen mit dem Restaurant, Themenbestimmung und Fokussierung des Themas, Recherche, Identifikation und Ansprache von Experten zum jeweiligen Thema, Schreiben, Drucken und Versand der über 200 handgefertigten Einladungen, dazwischen Gespräche mit potentiellen neuen Sponsoren, Kommunikation mit einzelnen Teilnehmern des Salons. Kurz vor dem Abend: Intensive inhaltliche Vorbereitung des jeweiligen zukunftsbezogenen Debattenthemas, Schreiben der Moderation, letzte Besprechung mit den Impulsgebern, Tischordnungsbesprechung, last minute Zusagen oder Absagen von Teilnehmern und entsprechende Kommunikation mit dem Restaurant. Kurz vor der Veranstaltung: Letzte Anpassungen in Raumbestuhlung oder Tischverteilung, Aufstellen von Tischkarten, Verteilen der Teilnehmerlisten und Beschilderung, Kontakt mit den Kellnern und dem Restaurantleiter, letzte Absprachen.

„Die Salondame musste über ein bestimmtes Bildungsniveau verfügen, um gemeinsame Gespräche initiieren zu können, die von ihr dann im wahrsten Sinne des Wortes beherrscht werden sollten."[19]

---

[18] Petra Wihelmy-Dollinger: Die Berliner Salons. Walter de Gruyter, Berlin/New York, 2000, S. 1.

[19] Petra Wihelmy-Dollinger: Die Berliner Salons. Walter de Gruyter, Berlin/New York, 2000, S. 24.

Inzwischen sind die meisten Teilnehmer des Abends da. Die Salonière eröffnet den Abend, begrüßt die Teilnehmer und bittet sie, an der gesetzten Tafel Platz zu nehmen. Sowie alle Platz genommen haben, wird die Vorspeise aufgetragen. Verspätet eintreffende Gäste werden von der Salonière persönlich begrüßt und zu ihren Plätzen geleitet. An den Tischen entspannen sich derweil angeregte Gespräche. Die ausgefeilte Sitzordnung sieht vor, dass die Mischung der Personen am Tisch ausgewogen ist, keine Grüppchenbildung entsteht, jeder sich wohl fühlt und auch Späthinzukommende die Atmosphäre nicht unterbrechen. Nach Beendigung des Hauptgangs werden die Tische vom Restaurantpersonal bis auf die Getränke frei geräumt. Nach einer kurzen Pause eröffnet die Salonière schließlich den Themenabend, indem sie Teilnehmer und Gäste begrüßt, das Thema des Abends inhaltlich einleitet und das geladene Expertenpanel vorstellt, um direkt daran angeschlossen die moderierte Debatte zu beginnen. Meist entwickelt sich eine angeregte Diskussion, an deren Ende sich auch die Salonteilnehmer einbringen. Die Salonière lenkt, leitet und moderiert das rege Gespräch. Die Salonière beschließt die Diskussion mit Dank an die Experten und die Teilnehmern und leitet zum letzten Teil des Abends über. Im Hintergrund wird derweil ein schönes Dessertbüffet aufgebaut, Kaffee und Digestifs werden serviert, die Sitzordnung ist aufgehoben und alle Teilnehmer und Gäste bewegen sich frei im Raum, finden sich in immer neuen Gesprächsgruppen zusammen, sprechen mit den Experten. Der Abend klingt im persönlichen Gespräch aus. Die Salonteilnehmer verabschieden sich persönlich von der Salonière bzw. werden persönlich verabschiedet.

„In den neunziger Jahren dieses Jahrhunderts sind die Salonièren wieder auferstanden, die Salonkultur blüht erneut in Berlin. [...] Die politischen und sozialen Veränderungen gerade des letzten Jahrzehnts haben in der unüberschaubaren Metropole den Wunsch nach Begegnung im kleinen Kreis aufkommen lassen. [...] Diese „Sehnsucht nach etwas Kostbarem" die sich nicht nur in der dekorativen Ausgestaltung der Räumlichkeiten, sondern auch in dem Bedürfnis nach Begegnung und Austausch nieder-

176

schlägt, scheint die facettenreichen Salongründungen zu einen, die sich sonst auf kaum einen gemeinsamen Nenner bringen lassen. [20]

Der Hauptteil der sichtbaren Arbeit einer Salonière besteht aus Gespräch. Dabei geht es zum einen um die Vermittlung von Wissen durch das Befragen von Experten, durch das Interviewen von Gästen, durch die Moderation eines bestimmten Themas, zum anderen geht es um das Herstellen von Verbindungen zwischen Menschen, das Dirigieren des Ablaufs von Ereignissen und nicht zuletzt um das persönliche Gespräch. Es liegt daher nahe, wenn ich in dieser „Funktion Salonière" nun genau dies tue, ein Gespräch führe – mit mir selbst.

Salonière: Frau Pohle, Sie sind Salonière. Das kommt einem heutzutage etwas seltsam vor. Wozu gibt es einen Salon wie den *Berliner Zukunftssalon* im 21. Jahrhundert überhaupt?

BP: Ich glaube, die Salonkultur ist gerade in Berlin wieder aufgeblüht, weil das Überangebot von (bis zu 1500 allabendlich) Veranstaltungen und dem massenhaften Konsum von Informationen durch anonyme Medien wie dem Internet, dem Fernsehen etc. etc. beim Einzelnen ein Bedürfnis nach Rückzug und Individualität auslöst. Irgendwo hinzugehen, wo es nicht egal ist, ob man überhaupt da ist oder nicht, oder jemand anderes statt der eigenen Person. Irgendwo hinzugehen, wo man ein Gefühl von Zugehörigkeit hat, ohne sich in Vereinsmeierei oder Clubgehabe zwingen lassen zu müssen. Interessantes zu erleben, sich auszutauschen, spannende Menschen kennen zu lernen, einen authentischen Moment zu erleben in einer zunehmend vermittelten, anonymen Alltagswelt.

Salonière: Aber warum dann ausgerechnet in Form eines „Salons"?

[20] Cornelia Saxe: Das gesellige Canapé. Die Renaissance der Berliner Salons. Ullstein Buchverlag, Berlin, 1999, S. 12.

BP: Weil der Salon – authentisch betrieben – einen ganz besonderen Rahmen bildet, Einzigartigkeit, den Gedankenaustausch unter „peers". Die Etablierung des *Berliner Zukunftssalons* war gewissermaßen die logische Folge historischer und gegenwärtiger politischer, wirtschaftlicher und kultureller Strömungen, die 1999 nach dem Umzug der Regierung nach Berlin herrschte. Man berief sich bewusst auf die Tradition der historischen Berliner Salons, auch um sich nicht zuletzt dadurch von den üblichen und weit verbreiteten Formen des wirtschafts- oder sozialpolitischen, kulturellen oder wissenschaftlichen Austauschs abzusetzen.

Salonière: Aber es gibt inzwischen ja noch andere Salons zu politischen und wirtschaftlichen Themen in Berlin, oder?

BP: Ja, und nicht überall ist „Salon" drin, wo „Salon" draufsteht.

Salonière: Was ist denn Ziel oder Zweck des „Berliner Zukunftssalons"?

BP: Der *Berliner Zukunftssalons* ist ein Forum für Dialog und Networking von Führungspersönlichkeiten einer Generation und fungierte von Anbeginn auf zweierlei Ebenen: Zur Auseinandersetzung mit gesellschaftlich relevanten und zukunftsweisenden politischen, wirtschaftlichen, sozialen Themen innerhalb einer Generation und zur Schaffung von Kontaktmöglichkeiten für diese Generation auf hohem Niveau in vertrauensvoller Atmosphäre.

Salonière: Und funktioniert dieses Konzept?

BP: Seit mehr als acht Jahren sehr erfolgreich.

Salonière: Warum glauben Sie, ist das so?

BP: In dem Sinne, in dem der *Berliner Zukunftssalons* eine bewusst gepflegte Weiterführung historischer Salons ist, ist die persönliche Bindung der Habitués an den Salon echt und familiär und manchmal mit netten kleinen Momenten versehen, wie z.b. die „Flüsteranrufe", die ich regelmäßig nach Salonabenden auf meinem während der Veranstaltung leise

178

gestellten Handy finde, wo sich Bundestagsabgeordnete flüsternd bei mir persönlich dafür entschuldigen, dass sie es nun leider doch nicht schaffen, zum Salon zu kommen, weil der Ausschuss noch tagt oder die Plenardebatte noch läuft.

Salonière: Was für Leute gehören zu Ihrem Salon?

BP: Dem *Berliner Zukunftssalons* gehört ein fester Kreis von Persönlichkeiten aus der Politik, der Wirtschaft, den Medien, der Wissenschaft und der Kunst & Kultur an. Das sind Persönlichkeiten, die aufgrund ihrer beruflichen und persönlichen Qualifikation und Reputation gezielt ausgewählt bzw. auf persönliche Empfehlung eingeladen werden. Die Menschen, die als regelmäßige Teilnehmer zu uns kommen, sind Menschen meiner Generation. Das Durchschnittsalter liegt bei ca. 42 Jahren. Alle haben verantwortungsvolle Jobs und spannende Aufgaben und können innerhalb ihrer Bereiche gesellschaftlich mitgestalten. Darüber hinaus sind diese Menschen artikuliert, nett, interessiert und politisch engagiert.

Salonière: Kann jeder bei Ihnen mitmachen?

BP: Nein. Die Veranstaltungen sind nicht öffentlich, sie sind gewissermaßen „geschlossene Gesellschaften".

Salonière: Ist das nicht ziemlich elitär?

BP: Ja, im besten Sinne des Wortes. In den historischen Salons konnte natürlich auch nicht „jeder mitmachen".

Salonière: Also alles Prominente und das Volk bleibt draußen?

BP: Nein, es sind alles Menschen, die an intellektuellem Austausch ein echtes Interesse haben. Es uns wichtig ist, dass jeder Einzelne kommt und sich wohl fühlt. Es fällt auf und wird notiert, wenn jemand nicht kommt. Keine Cocktailglasschwenker, keine Visitenkartentauscher, sondern Leute, die aufgrund ihrer Position und ihrer Fähigkeit täglich Entscheidungen fällen, die unser aller Zukunft mitbestimmen. Und somit sind sie eben auch Teil des „Volkes".

Salonière: Wie sieht das in Ihrem Salon mit dem zahlenmäßigen Verhältnis von Männern und Frauen aus?

BP: Wahrscheinlich liegt die prozentuale Verteilung von Männern und Frauen im Salon bei 60 zu 40, also 60% Männer und 40% Frauen.

Salonière: Wie würden Sie die Frauen beschreiben, die dem Salon angehören?

BP: Die Frauen, die Teilnehmerinnen im Salon sind, sind wie die männlichen Teilnehmer akademisch oder anderweitig hoch qualifiziert, beruflich erfolgreich, menschlich angenehm, sympathisch und politisch engagiert.

Salonière: Also, da gibt es dann auch weibliche Wirtschaftsbosse und Politikerinnen und weibliche Führungskräfte?

BP: Politikerinnen ja, auch Frauen in führenden oder verantwortungsvollen Positionen im Bereich der Wissenschaft, Journalistinnen und Frauen aus dem Kulturbereich. Natürlich auch die eine oder andere Frau, die in der Wirtschaft führend tätig ist, aber der Salon ist gewissermaßen ein Mikrokosmos und spiegelt daher eher die gesellschaftlichen Gegebenheiten wider. Weibliche Wirtschaftsbosse sind deshalb bei uns so selten wie in der Realität unserer Gesellschaft.

Salonière: Was macht diesen speziellen „Job", diese Aufgabe Salonière spezifisch weiblich?

BP: Zuallererst nur erstmal die Tatsache, dass die historischen Vorbilder weiblich waren, weil der Salon den Frauen im Europa des 18. und ausgehenden 19. Jahrhunderts einer der wenigen Freiräume war, in denen intellektuelle Frauen eine aktive, leitende Rolle in einem intellektuellen – und sonst den Männern vorbehaltenen – Umfeld einnehmen konnten, ohne dabei gesellschaftliches Ansehen einzubüßen, sondern gerade, um in diesem abgesteckten und sicheren Rahmen sich nicht nur gastgeberisch, sondern auch geistig zu entfalten. Die Rolle der Salonière bedeutete also historisch betrachtet den Einbruch in eine männliche Domäne bei gleichzeitigem Abnicken dieser Grenzüberschreitung durch die männlichen Salongäste. Schon Karl Friedrich Bidermann hat in der Gartenlaube während der Hochzeit der Berliner Salonkultur gesagt: *„Die Frau hat von der Natur den Beruf und die Fähigkeit das Scepter der Herrschaft im geselligen Umgange der beiden Geschlechter zu führen [...]. Zu der geselligen Unterhaltung bringt die Frau gerade dasjenige Element mit, welches hier recht eigentlich am Platze ist, das Talent geistiger Beweglichkeit, leichten Uebergehens von einem Stoffe zu andern, und dabei auch lebendiger Hingebung an jeden einzelnen, auch den unbedeutendsten, dadurch giebt sie dem Gespraeche jene Mannigfaltigkeit, Leichtigkeit und Erregtheit, welche den Zweck, den alle Geselligkeit hat – dem Geiste durch Unterbrechung des gewohnten Gedankenganges und durch Ablenkung in eine leichtere und anregendere Beschäftigung Erholung zu gewähren, so wesentlich fördert.*[21]

Salonière: Und heutzutage? Da wäre das doch eigentlich gar nicht mehr nötig, da ist doch die Rolle der Salonière überholt, oder?

BP: Im historischen Sinne sicherlich. Frauen brauchen nicht den Rahmen eines Salons, um sich in unserer Zeit am intellektuellen oder politischen Geschehen zu beteiligen.

Salonière: Was man ja auch daran sieht, dass wir heute eine Bundeskanzlerin haben.

BP: Sicherlich, wobei ich in der Tatsache, dass dies immer so betont wird, dass es sozusagen als Paradebeispiel erfolgreicher Gleichstellung von

---

[21] Friedrich Karl Biedermann: Über Frauenbestimmung, in: Die Gartenlaube, Jg. 1855, zit. n. Ernst Siebel: Der großbürgerliche Salon 1850-1918. Geselligkeit und Wohnkultur. D. Reimer Verlag 1999, S. 28.

Mann und Frau in unserer Gesellschaft argumentativ wie ein Schild vor uns her getragen wird, „Sehr her, wie weit wir es in Deutschland gebracht haben", ein Indiz dafür sehe, dass es eben eigentlich nicht die Norm ist und auch nicht automatisch einen Wandel der Zeiten versinnbildlicht.

Salonière: Können Sie vielleicht kurz Ihren eigenen Lebenslauf skizzieren?

BP: Ich bin West-Berlinerin, studierte an der Freien Universität Berlin Germanistik und Anglistik und wollte dann eigentlich nur für ein Jahr in die USA. Dort blieb ich stattdessen dann 12 Jahre lang, studierte Literatur und nebenbei Gesang erst ein Jahr an der University of Georgia und dann an der University of Berkeley, California, wo ich auch promovierte. Danach arbeitete ich als Literatur- und Kulturprofessorin an verschiedenen Hochschulen in Kalifornien, nebenbei als Synchronregisseurin und Übersetzerin und lebte in den USA, bis ich 1989 – weil ich keine greencard hatte und meine befristeten Arbeitsverträge ausgelaufen waren – mit großem inneren Widerwillen nach Deutschland zurückkehrte.

Salonière: Warum mit Widerwillen?

BP: Ich empfand die deutsche Mentalität und die Strukturen im deutschen Berufs-, und Alltagsleben als unglaublich pessimistisch, überreguliert, sauertöpfisch, unfreundlich, beamten- und oberlehrerhaft und absolut erstickend. Ich war in all den Jahren in den Staaten jährlich zu Besuch gekommen, meine ganze Familie lebte und lebt in Berlin, aber ich war auch immer wieder froh gewesen, wieder „nach Hause", nach Kalifornien zurückkehren zu können, wo die spontane Reaktion meiner Mitmenschen auf alles nicht „das geht aber nicht" oder „das ist hier aber verboten", sondern „hey, why not?" order „let's try" war.

Salonière: Hat sich Ihr Widerwillen inzwischen gelegt?

BP: Na, sagen wir mal, ich habe mich im Laufe der Jahre etwas besser reakklimatisiert, vielleicht auch wieder mehr an den groben Umgang miteinander, die übergreifende Negativität gewöhnt. Aber ich habe auch in der Zwischenzeit durch meine Salonieren-Tätigkeit viele sehr weltoffenen, interessante und engagierte Menschen kennen gelernt, das hat auch geholfen. Dazu kommt, dass ich mittlerweile meine eigene Familie habe. Mein Lebensmittelpunkt ist hier, da musste ich irgendwann die gepackten Koffer auspacken und ankommen.

Salonière: Wie sind Sie denn Salonière geworden?

BP: Zufällig. Meine Jobsuche außerhalb des akademischen Bereichs nach meiner Rückkehr aus den USA war frustrierend und schockierend zugleich gewesen.

Salonière: Was meinen sie damit?

BP: Im Akademischen gab es in Deutschland für mich als Geisteswissenschaftlerin keine berufliche Perspektive, also musste ich mich in der Wirtschaft umsehen. Ich hatte zwar auch in den USA Chauvinismus oder Sexismus erlebt, niemals zuvor jedoch so eklatant, so hierarchisch und unverblümt, wie ich es auf meiner Jobsuche in Berlin erlebte.

Salonière: Können Sie da mal ein Beispiel geben?

BP: Ja, ich wurde zu Vorstellungsgesprächen eingeladen, bei denen mir die männlichen Vorgesetzten (Rundfunkchefs, Verlagsleiter, Agenturbesitzer etc.) z.B. sagten, sie hätten gar keine Stelle für mich, sie hätten nur mein Foto so nett gefunden und hätten mich eingeladen, um zu sehen wie ich denn in Natura aussähe. In einem Gespräch jammerte mir ein potentieller Arbeitgeber vor – nachdem er mir gerade erzählt hatte, dass bei ihm nur „Mädels" arbeiteten – wie kostenintensiv und schwierig die Anstellung von Frauen sei, da die ja dauernd krank oder schwanger etc. würden. Auf meine lakonische Reaktion, „Ich hab da 'nen Tipp: Stellen Sie nur Männer ein", antwortete er: „Nee, die würden für das Geld nicht arbeiten". Wenige Sekunden später sagte er: „Ich entnehme Ihrem Lebenslauf, dass Sie keine Kinder haben wollen." Ich konnte mich an keine Aussage dieser Art in meinem Lebenslauf erinnern. Die Anstellung bei diesem Verlag scheiterte nicht zuletzt an meinem Mangel an Willigkeit, mich in die Gruppe der dort arbeitenden „Mädels" einzureihen.

Salonière: Und wie kamen Sie dann zum Salonièren-Job?

BP: Ich hatte mich seinerzeit bei einer großen amerikanischen Firma um eine Stelle in Berlin beworben. Der Mann, der in seiner damaligen Funktion als Direktor für Public Affairs und Government Relations das Vorstellungsgespräch mit mir führte, Ralf Welt, war der gedankliche Vater des *Berliner Zukunftssalons*. Das Gespräch war unglaublich intensiv, authentisch, hart, ehrlich, menschlich, informiert und klar. Es ging über mehrere Stunden und änderte mein Leben. Es entschädigte mich auch für alle chauvinistischen und sexistischen Vorstellungsgespräche in Deutschland, denen ich bis dahin ausgesetzt gewesen war. Die Stelle, um die ich mich beworben hatte, bekam ich nicht, einige Monate später jedoch das Angebot, die Moderatorentätigkeit für diesen neu zu etablierenden Salon zu übernehmen. Ich arbeitete damals hauptberuflich als Projektleiterin für die Realisierung eines der Pavillons auf der EXPO 2000, für den ich das Konzept entwickelt hatte und das den ersten Preis erlangt hatte. Die Moderation des Salons machte ich also anfangs privat nebenbei.

Salonière: Und dann wurde daraus mehr?

BP: Ja, mit der Zeit und nach Beendigung meiner Arbeit für die EXPO kam die organisatorische Seite dazu, die konzeptionelle Zusammenarbeit mit der betreuenden Agentur, die Kommunikation mit Teilnehmern und Sponsoren.

Salonière: Welche Voraussetzungen sollte man Ihrer Meinung nach als Salonière haben?

BP: Salonière ist natürlich kein Beruf, sondern eine Art nebenberufliche Moderationstätigkeit in einem bestimmten Format und Rahmen. Meiner Meinung nach gehören Neugier und ein echtes Interesse am Menschen und am Austausch mit anderen Menschen zu den Grundvoraussetzungen für die Tätigkeit einer Salonière. Man muss sicherlich kommunikativ sein, kontaktfreudig, Fingerspitzengefühl oder Instinkt für Menschen und Situationen haben, flexibel sein, spontan reagieren können, – die so genannten „soft skills" besitzen, die Frauen allgemein gerade im beruflichen Kontext zugeschrieben werden, die aber idealer Weise Männer und Frauen gleichermaßen besitzen sollten.

Salonière: Was bedeutet diese Aufgabe Ihnen persönlich?

BP: Diese Aufgabe bedeutet mir viel. Ich genieße die intellektuelle Herausforderung, mich bei jedem neuen Thema inhaltlich auf etwas mir völlig Fremdes, Neues einarbeiten zu müssen, und ich betrachte die Begegnungen, die ich durch den Salon habe als ein Geschenk.

Salonière: Inwiefern?

BP: Weil ich den Menschen, denen ich im Laufe der Jahre im Salon begegnet bin, den Teilnehmern, den Gästen, Journalisten und Experten aus allen möglichen Bereichen unseres Lebens sehr wahrscheinlich in dieser Ansammlung und noch dazu in meiner Generation außerhalb des Salons nie begegnet wäre. Außerdem schätze ich jegliche intellektuelle Auseinandersetzung. Ich habe auch viel lernen dürfen in all den Jahren zu Themen, mit denen ich mich sonst kaum befasst hätte.

Salonière: Sie sind promovierte Germanistin, haben an amerikanischen Universitäten unterrichtet, Studenten die deutsche Kultur und Literatur nahe gebracht und sich in einem Forschungsfeld bewegt, dass heute wahrscheinlich unter die Kategorie „gender studies" fiele. Inwieweit hat Ihr Forschungsinteresse ihre persönlichen Betrachtungsweisen geprägt?

BP: Wahrscheinlich haben meine persönlichen Betrachtungswesen mich zu diesem Forschungsinteresse geführt. Mein literaturwissenschaftliches Studium entwickelte sich in meinen Jahren in den USA schnell zu einem mehr und mehr kulturanthropologisches Studium, in dem ich bei der Betrachtung der Dämonisierung von Weiblichkeit und Sexualität zum Ende des 19. Jahrhunderts automatisch den Kampf, die Teilerfolge, die Rückschläge und vor allem die zähe Langsamkeit der europäischen „Frauen-Emanzipation" mitbekam, so wie man beim Laufen am Strand immer Sand in die Schuhe kriegt.

Salonière: Inwieweit hat das Ihre Sichtweise auf unsere gegenwärtige Gesellschaft beeinflusst?

BP: Es blieb nicht aus, dass meine Betrachtung des historischen Verhältnisses zwischen Männern und Frauen, mein Blick auf Machtverteilung, auf politisches Sagen und Gesetzgebungen, auf die Erschaffung von Bildern und Imaginationen in Kunst, Musik, Literatur und Alltagskultur auch den Blick auf die eigene Zeit schärfte und mich nach emanzipatorischer, sozial aufgeklärter, gleichberechtigter Weiterentwicklung forschen ließ.

Salonière: In Ihrem Buch, das sich mit historischen Weiblichkeitsbildern auseinandersetzt, haben Sie am Ende eine Art Ausblick versucht und der letzte Satz des Buches lautete:

„Zugespitzt ließe sich formulieren: Solange in den Medien unserer Zeit die Polarisierung von Eros und Macht, Faszination und Angst, Sinnlichkeit und Rationalität, Kulturschaffen und Unproduktivität usw. in den Repräsentationen von Weiblichkeit ihren Ausdruck findet, haben sich die zugrunde liegenden gesellschaftlich kollektiven Weiblichkeits- und Männlichkeitsbilder – allem sozialpolitischen Fortschritt zum Trotz – seit der letzten Jahrhundertwende kaum gewandelt. Es bleibt abzuwarten, ob sie es je tun werden."[22]

Würden Sie heute, dreizehn Jahre später, sagen, dass sich an unseren Männern- und Frauenbildern etwas geändert hat?

---

[22] Bettina Pohle: Kunstwerk Frau. Inszenierungen von Weiblichkeit in der Moderne, Fischer Taschenbuch Verlag, Frankfurt am Main, 1998, S. 151.

BP: Leider zu wenig, um dies grundsätzlich mit „ja" beantworten zu können.

Salonière: Würden Sie sich selbst als „Feministin" bezeichnen?

BP: Kürzlich veröffentlichte *DIE ZEIT Geschichte* in einer Sonderausgabe mit dem Titel „Die Frauen und die Macht" unter anderem ein Interview mit einer Fünfzehnjährigen unter dem Titel „Bloß nicht Emanze sein!". Die Fünfzehnjährige sagt auf die Frage „Camilla, was hältst Du von der Frauenbewegung?", „Och, muss ich nicht haben" und auf die Rückfrage „Ist das dein Ernst?": „Ja, das ist mir zu anstrengend." Beim Weiterlesen erfährt man, dass Camillas Mutter und Großmutter, selbst ihr Vater in der Frauenbewegung durchaus aktiv sind bzw. waren und es wird zwischen den Zeilen klar, dass „Emanze" für die heute Fünfzehnjährige und ihr Umfeld genauso ein Schimpfwort ist wie „Feministin" und gleichbedeutend mit „Lesbe", was insgesamt in dieser Lesart dann „männerfeindlich" bedeutet und als solches – insbesondere natürlich für eine Fünfzehnjährige – völlig uncool ist. Wir bewegen uns im Jahr 2006. Es war nicht viel anders in den achtziger Jahren, als ich Studentin war und es mir ein Anliegen war, im Literaturstudium – trotz meiner Forschungsinteressen auf einem Gebiet, das in Deutschland schnell den Stempel „Frauenforschung" erhielt – auf keinen Fall als „Feministin" literaturwissenschaftlich deklassifiziert oder darauf reduziert zu werden. Ich hielt auch nichts vom „Frauenbonus" bei Anstellungsdiskussionen und wollte in meinen akademischen Erfolgen mit männlichen und weiblichen Kollegen gemessen werden. Damit war ich sicher keine Ausnahme. Daher wäre die ehrlichste Antwort: Ich teile viele Einsichten des „Feminismus", der Frauen- und Geschlechterforschung, würde es aber vorziehen, gar kein Label zu haben.

Salonière: Halten Sie denn die Forderungen des klassischen „Feminismus" heute für veraltet?

BP: Keineswegs. Natürlich haben sich die Dinge in den letzten 20-30 Jahren durchaus verändert und gerade was Berufschancen für junge Frauen betrifft oder Berufsauswahl ist Einiges passiert. Wir müssen dabei auch bedenken, dass wir in unserem Kontext über eine bestimmte soziale Schicht, also das – was man als Bürgertum bezeichnen würde – sprechen, von Akademikerinnen und Frauen der gehobenen Mittelschicht.

Salonière: Interessanterweise werden ja gerade die Akademikerinnen in letzter Zeit immer zitiert, wenn es um die negative demographische Entwicklung in Deutschland geht und bei der Frage nach Frauen in Führungspositionen.

BP: Stimmt. Deshalb liebe ich zum Beispiel den von Marlies Gummert schon 1979 geprägten, hochgradig ironischen, überaus treffenden und leider völlig zeitlosen Ausdruck der „Karrierebegleiterin": *„[...] Da wir davon ausgehen dürfen, dass Frauen in mittleren akademischen Positionen ebenso gut qualifiziert sind wie Männer, kann es nicht am Leistungsvermögen liegen, wenn sie in der Statuspyramide der Universitäten nach oben hin beinahe völlig verschwinden. Die Gründe dafür liegen, will mir scheinen, hauptsächlich bei den Frauen selber. Das Schreckbild der Blaustrümpfigkeit vor Augen, verzichten sie, wie ich meine, auf eine eigene Universitätslaufbahn und bringen ihr intellektuelles Potential ein in die Karriere des Mannes. Sie unterstützen ihn auf dem Weg zur lebenslänglichen Verbeamtung und zum Spitzengehalt. Indem sie seine Karriere befördern, machen sie auch selbst Karriere: sie avancieren zur Professorenfrau. Die Schwierigkeiten auf dem Weg dahin werden gewöhnlich unterschätzt. Weiblichkeit und Wissenschaft in der Rolle der Karrierebegleiterin zu vermitteln, ist ein Balanceakt, den zu bewältigen, in aller Bescheidenheit gesagt, viel schwieriger und damit auch befriedigender ist, als selbst Kariere zu machen.'*[23]

Salonière: Das heißt, die Frauen sind eben doch selbst schuld? Oder wie Barbara Bierach dazu sagt: *„die akademisch vorgebildete Weiberschaft in diesem Land könnte längst die Hälfte der Chefsessel in den Ämtern, Universitäten und un-*

---

[23] Marlies Gummert: Rede einer selbstbewussten Professorenfrau. Ein Dokument. Kursbuch 58, 1979, zit. n. Gerd Stein: Femme fatale – Vamp – Blaustrumpf. Fischer Taschenbuch Verlag, Frankfurt am Main, 1985, S. 254.

ternehmen unter dem Hintern haben, wenn sie endlich handelte statt dem Spielfeld beleidigt den Rücken zu kehren und mit einem ‚Die lassen uns nicht' von dannen zu ziehen".[24] Dem stimmen Sie sicher zu?

BP: Nein, damit würden wir es uns meiner Meinung nach auch zu einfach machen.

So sehr ich die Thesen von Barbara Bierach und ähnlich kritischen Autorinnen, die rhetorisch brillant im literarischen Husarenstreich die „selbstverschuldete Unmündigkeit" der „nur Hausfrau" oder Nicht-Powerfrau als genau das betrachten, als einzig selbst verschuldet, für teilweise begründet halte und insgesamt argumentativ verführerisch finde, glaube ich, dass in der Realität die Situation dennoch komplexer ist. In dieser Realität geht es dann zum Beispiel um die viel zitierte „Vereinbarkeit" von Beruf und Privatleben und damit eben um die Tatsache, dass diese „Vereinbarkeit" aufgrund der vorhandenen Arbeits- und Lohnerwerbsstrukturen, sowie durch Kinderbetreuungszeiten usw. für die meisten Männer gar kein oder nur weitaus weniger überhaupt ein Thema ist als für Frauen. Es gibt dazu in einer Übersicht von Nachhaltigkeitsindikatoren eine schöne Feststellung: *„Rechtlich sind Mann und Frau heute gleichgestellt. Die tatsächlichen gesellschaftlichen Teilhabechancen entsprechen dem jedoch noch nicht. Erst wenn Männer und Frauen auch mit Kindern weitgehend gleiche Berufs-, Verdienst- und Karrierechancen haben und ihre Rollen in der Familie frei wählen können, ist soziale Nachhaltigkeit in dieser Beziehung erreicht."*[25]

Salonière: Ist Ihr „Karriereweg" typisch weiblich?

BP: Von einem „Karriereweg" kann man in Bezug auf meine Tätigkeit als Salonière natürlich nicht sprechen. Aber wenn Sie fragen, ob das Landen

---

[24] Barbara Bierach: Das dämliche Geschlecht. Warum es kaum Frauen im Management gibt. Piper Verlag, München, 2002, S. 6.

[25] Nachhaltigkeitsindikatoren HEINZ, 2005.

bei so einer Tätigkeit „typisch weiblich" ist, müsste ich antworten: Es ist typisch in dem Sinne, als die meisten Männer den „Job" den ich als Salonière mache, wahrscheinlich ungern über einen Abend hinaus machen würden und sich mit dieser Moderatoren/Gastgeber-Rolle auch meiner Einschätzung nach nur kurzzeitig identifizieren würden, da mit ihr weder berufliche Aufstiegsmöglichkeiten, noch ein hohes Gehalt oder Medienpräsenz verbunden ist, dafür aber viel organisatorischer Kleinkram, viel Kommunikationsbedarf. Als Karriereweg ist insofern vielleicht „typisch weiblich", als er nicht stringent ist.

Saloniere: Wie meinen Sie das?

BP: Er ist „typisch", weil er zufällig ist, nicht planbar war und der „Job Salonière" im Grunde erst geprägt werden musste. Er ist „typisch", weil er nur scheinbar mit „Macht" verbunden ist, rein äußerlich sozusagen. Die Insignien im Rahmen der Veranstaltung sind da, aber die Rolle ist nicht mit tatsächlicher „Macht" verbunden. Ich habe mein Studium nicht mit dem Gedanken begonnen, „und irgendwann bin ich dann Salonière". Meine Biografie ist im Vergleich zu der vieler Männer meiner Generation weit weniger linear.

Salonière: Sie haben gerade das Stichwort „Macht" verwendet. Wie sehen Sie den Umgang von Frauen mit Macht?

BP: Ich glaube, dass Frauen ein eher gespaltenes Verhältnis zur Macht haben. Vorausschickend muss man dazu allerdings auch sagen, dass es weit weniger Vorbilder für den weiblichen Umgang mit Macht gibt, als für den männlichen. Der Begriff der Macht wird zumeist mit Autorität und Hierarchie gleichgesetzt, was nicht gleichbedeutend ist mit Einfluss oder Stärke. Frauen, die in Positionen der Macht sind, werden nach einem Wertekanon gemessen und messen sich auch selbst daran, der männlich besetzt ist: Härte, Durchsetzungsvermögen, Unnachgiebigkeit, Zielgerichtetheit etc. etc. Sowie aber Frauen in Machtpositionen diese männlich besetz-

190

ten Muster übernehmen, spricht man ihnen die Weiblichkeit ab, als wäre das Eine mit dem Anderen nicht vereinbar.

Salonière: Ist das ein Grund dafür, dass Frauen es nach wie vor schwerer in unserer Gesellschaft haben, „Karriere" zu machen?

BP: Es ist ein Grund in einer ganzen Reihe von Gründen. Die meisten davon – behaupte ich – sind fest verankert in einem nach wie vor bestehenden kollektiven geschlechtsspezifischen Rollenverständnis, dass nicht auf Gleichheit zielt und das weitereichende Konsequenzen für die Gestaltung unserer Gesellschaft hat.

Salonière: Können Sie das konkretisieren?

BP: So wie Moritz Müller-Wirth, Chefredakteur der ZEIT-Sonderausgabe sehr fein als Beispiel in seinem Editorial anführte: *„Genau dreißig Jahre ist es erst her, dass Deutschlands Männer nicht mehr das Arbeitsverhältnis ihrer Ehefrau in deren Namen kündigen durften, und es ist gerade erst einhundert Jahre her, dass Frauen in Europa das Wahlrecht erhielten."* Was sich wie ein Treppenwitz der europäischen Sozialgeschichte liest, sind lediglich ein oder zwei Beispiele von vielen, die für die uralte gesellschaftlich kollektiv sanktionierte Ungleichbehandlung der Geschlechter sprechen.

Salonière: Aber das gibt es nun ja mittlerweile nicht mehr.

BP: Nein, aber wir gehen alle durch einen Alltag, in dem es dazu gehört, dass auch im Jahr 2006 Frauen und Männer gleichen Bildungs- oder Ausbildungsstandes nicht das Gleiche verdienen. Als wäre das völlig normal. Das dies so ist, stellt auch das Bundesministerium für Familie, Senioren, Frauen und Jugend in seinem Bericht zur Gleichstellung von Frauen und Männern fest: *„Gleich, welchen Datensatz man einer Analyse der Erwerbseinkommen zu Grunde legt, das Einkommen von Frauen liegt in Deutschland bei ungefähr gleicher Arbeitszeit mindestens 20 Prozent unter dem von Männern. Damit nimmt Deutschland mit Österreich und Großbritannien unter den EU-Staaten einen der letzten Rangplätze im Hinblick auf die Angleichung der Einkommen von Frauen und*

Männern ein. [...] In der Tat lässt sich auch auf der Ebene der einzelnen Berufe eine schlechtere Bezahlung von Frauen nachweisen. In den von Männern besonders häufig besetzten Berufen wurde 2002 deutlich besser bezahlt als in den von Frauen besonders häufig besetzten Berufen. Gleichzeitig kann gezeigt werden, dass Männer bei Beschäftigung im gleichen Beruf deutlich besser als Frauen bezahlt werden. So verdiente eine weibliche Bürokraft 2002 zum Beispiel im Durchschnitt 2.580 € und damit im Durchschnitt nur 75 Prozent einer männlichen Bürokraft. Die Metallarbeiterinnen verdienen mit 1.889 € 79 Prozent eines Metallarbeiters.'[26]

Salonière: Sie würden doch wohl aber nicht abstreiten wollen, dass es heutzutage viele Männer gibt, die sehr aktiv bei der Erziehung der Kinder und der Bewältigung der Hausarbeit sind.

BP: Das würde ich gewiss nicht, auch nicht, dass es unzählige allein erziehende Frauen und Männer gibt, die sehr wohl Beruf und Familie erfolgreich verbinden. Aber das ist nicht der Punkt.

Salonière: Sondern?

BP: In der Presse war kürzlich zu lesen: *Vier Frauen und ein Mann sind in diesem Jahr die ‚Familien-Managerinnen und Familien-Manager 2006'. Die fünf Preisträger wurden am Dienstag, 12. Dezember, auf einer Gala in Berlin geehrt. Vorwerk, Hörzu und die Jury-Mitglieder Karin Clement, Heike Drechsler, Jörg Pilawa, Walter Sittler und Katja Weitzenböck wählten aus hunderten von Bewerbungen Mütter und Väter aus, die in ihren Familien Herausragendes leisten. Bundesfamilienministerin Dr. Ursula von der Leyen gratulierte den Preisträgern persönlich und würdigte ihre Leistungen bei der Gala.'[27]*

Salonière: Aber das ist doch ein Schritt in die richtige Richtung, oder?

---

[26] Gender-Datenreport des Bundesministerium für Familie, Senioren, Frauen und Jugend, 1. Datenreport zur Gleichstellung von Frauen und Männern in der Bundesrepublik Deutschland, München, November 2005, 2. Fassung.

[27] PresseEcho.de, 12.12.2006.

BP: Da habe ich meine Zweifel. Ausgezeichnet wurden eine Frau, die neben einer Pension und einem Bauernhof mit 600 Tieren auch noch vier Kinder großzieht, eine blinde Mutter von drei Kindern, eine Frau, die ihre alte Nachbarin aufopfernd gepflegt hat und eine junge Frau, die Drillinge bekam, obwohl ihr Freund sie verließ. Der aufschlussreiche Kommentar der Jury zur Preisvergabe an die zuletzt Genannte lautete: *'Ihre Entscheidung ist ein wunderbares und positives Zeichen in einer Zeit, in der Kinder als Karriererisiko gelten''.* Und das, wo doch immer gesagt wird, Kinder seien kein Karriererisiko, es sei alles nur eine Frage angemessener Betreuungsangebote. Den letzten Preis erhielt ein Mann. Aus der Zeitung erfahren wir: *„Klaus Sundermann ist Diakon, wurde Hausmann und betreut die drei Töchter, damit seine Frau als Krankenschwester arbeiten kann. Er lernte stricken, bügeln und kochen.'*[28] Hallo? Wie viele Frauen können stricken, bügeln, kochen, betreuen mehrere Kinder, damit ihr Partner arbeiten kann, und kriegen trotzdem keinen Preis dafür? Wieso ist das preiswürdig? Was ist die message, die wir damit senden?

Salonière: Oft wird in der Diskussion um die berufliche Gleichstellung von Frauen angeführt, dass Frauen nicht so häufig in den Manager-Etagen zu finden seien, weil sie dem Multi-Tasking von Managementaufgaben, der „Härte des Geschäfts" nicht annähernd so gewachsen wären, wie ihre männlichen Kollegen.

BP: Das halte ich für Unsinn und die Realität belehrt uns eines Besseren. Multi-Tasking ist meines Erachtens ein Ausdruck, der von Männern erfunden wurde, die sich im Grunde von der gleichzeitigen Ausführung mehrerer Aufgaben überfordert fühlten und daher gesellschaftliche Extra-Anerkennung mittels Begriffsbestimmung suchten. Im Leben der meisten Frauen, ist „Multi-Tasking" leicht zu übersetzen mit: Alltag. Zeitgleich zu kochen, einen wissenschaftlichen Artikel zu redigieren und telefonische

Terminabsprachen mit Babysitter und Kfz-Werkstatt zu führen, scheint den meisten Frauen so normal wie die Tatsache, dass gesellschaftlich nach wie vor unterschieden wird in Frauen, die arbeiten und Frauen die „nur Hausfrau" sind. Dass „nur Hausfrau" allein oftmals schon ein Fulltimejob ist, findet höchstens Ausdruck in der viel zitierten klassischen „Doppelbelastung" Kinder/Job. Und wenngleich diese Doppelbelastung heute glücklicherweise von einzelnen aufgeklärten Vätern mitgetragen wird, ist sie als Rolle den Frauen nach wie vor geradezu automatisch zugesprochen, da die reine Biologie auch in unserer Zeit immer noch angetan ist, Aufgaben nach Geschlecht zu verteilen.

„Ein Vergleich der Organisation for Economic Co-operation and Development (O-ECD) zeigt, dass sich Deutschland – was die Erwerbsbeteiligung kinderloser Frauen betrifft - international gut behaupten kann, dass Deutschland aber im Ranking der Staaten erstaunlich weit zurückfällt, wenn man prüft, wie stark sich Mütter mit mehreren Kindern aus dem Erwerbsleben zurückziehen. In Deutschland scheint also das Vorhandensein von Kindern die Erwerbsarbeit von Frauen stärker zu beeinträchtigen als in vielen anderen vergleichbaren Staaten."[29]

Salonière: Das hört sich jetzt ein wenig so an, als würden Sie in unserer Gesellschaft wenig Chance für eine Gleichstellung der Geschlechter sehen.

BP: Solange die Partnerschaft zwischen Männern und Frauen bei dem Thema Kinderbetreuung/Haushaltsführung an schnell von männlicher Seite herbeizitierten und eben gesellschaftlich sanktionierten Eingrenzungen männlicher und weiblicher Aufgabenbereiche scheitert („Ich weiß auch nicht, ich hab einfach nicht das Spiel-Gen in mir"; „Ich bin viel zu grobmotorisch, um einen Säugling zu wickeln"; „Ich arbeite den ganzen

---

[29] Gender-Datenreport des Bundesministerium für Familie, Senioren, Frauen und Jugend, 1. Datenreport zur Gleichstellung von Frauen und Männern in der Bundesrepublik Deutschland, München, November 2005, 2. Fassung.

Tag und dann soll ich auch noch deinen Job übernehmen" etc. etc.), so-lange auch die reflektierten, emanzipatorisch aufgeklärten Männer bewusst und unbewusst im eigenen Umfeld Rollenfestschreibungen dadurch per-petuieren, dass sie z.b. im Konfliktfall das Totschlagargument „Ich bringe aber das/viel mehr Geld rein" verwenden, oder aber im Grunde trotz bes-seren Wissens davon ausgehen, dass Frauen, die – oft dann ja „nebenbe-ruflich" und zwar ohne Arbeitspausen, ohne Urlaubsanspruch, ohne Ren-tenanspruch und bar jeglicher gesellschaftlicher Anerkennung –

...Kinder erziehen, den Haushalt und familiäre Beziehungen managen, Arztbesuche der Kinder organisieren und wahrnehmen, sich um Vorsor-getermine, Schulanmeldung, um Turnen, Tanzen, musikalische Früherzie-hung, Schwimmen kümmern,

... die wickeln, füttern, spielen, trösten, einkaufen, chauffieren, Wäsche waschen, aufhängen, abnehmen, Kinderkörperpflege übernehmen, spie-len, vorlesen, ablenken, Schultüten und Schultaschen kaufen,

...die Kostüme für Fasching/Schulaufführung besorgen, Elternabende besuchen, Klassenfahrten vorbereiten, Weihnachtskekse backen, Kuchen für Kindergarten/Schule backen, Bastelnachmittage im Kindergarten mitmachen, zu Aufführungen gehen, Laternenumzüge begleiten,

...die Nikolaus-, Weihnachts- und Geburtstagsgeschenke für Kinder-freunde besorgen, Kindergeburtstage ausrichten; Kleidungsstücke mit Namen kennzeichnen, Schulmaterial kaufen, Bücher einschlagen usw. usw.;

...dass diese Frauen im Grunde nichts tun („Und was hast du heut den ganzen Tag so gemacht?"), solange wird sich auch politisch und damit gesellschaftlich keine Veränderung herbeiführen lassen, die einem tatsäch-lich gleichberechtigten Modell von Partnerschaft angemessen gleich käme.

Salonière: Das klingt ziemlich pessimistisch.

BP: Meine Perspektive auf den Status weiblicher Gleichberechtigung in Deutschland mag pessimistisch klingen, vielleicht würde ich sie am ehesten als „sehr skeptisch" bezeichnen wollen. Den Zynismus, den ich mir als jüngere Frau angesichts der gelebten (und immer wieder selbst erfahrenen) Ungleichheit zwischen Männern und Frauen zugelegt hatte, kann ich mir heute nicht mehr ganz so deutlich leisten, da ich zwei kleine Töchter habe, denen ich täglich Werkzeug zur Bewältigung des Lebens in ihre kleinen Hände legen muss, also praktische, anwendbare Ratschläge anstelle von abstrakter Analyse.

Salonière: Was würden Sie denn Ihren Töchtern oder jungen Frauen heutzutage raten?

BP: (lacht) Oh je, oberflächlich natürlich nichts anderes, als das, was auch schon die Mütter der Generation von Alice Schwarzer (und sicher auch schon Mütter davor) ihren Töchtern geraten haben: Absolviert eine gute Ausbildung, sucht euch einen guten Job, bleibt wettbewerbsfähig, schaut euch in der Welt um, lernt Sprachen, nehmt soviel Wissen und Erfahrung mit, wie ihr könnt, seid flexibel, lasst euch nicht in typische Frauenberufe oder Frauenrollen drängen, wenn ihr etwas anderes verfolgen wollt, seid wach, lasst euch nicht über euer Geschlecht definieren oder auf eure Biologie reduzieren, seid geistig beweglich und bereit, für eure Ziele zu kämpfen – auch gegen Vorurteile und Chauvinismus, gegen Sexismus und Ungleichbehandlung und auch gegen die eigenen Unsicherheiten oder Zweifel. Und seht zu, dass gesellschaftliche Veränderungen in Arbeitsleben, Lohngleichheit und der Kinderbetreuung in einem angemessenen Zeitraum politische Umsetzung erfahren.

Salonière: Und auf der persönlichen Ebene?

BP: Wählt eure Partner weise und überlasst die Aufgabenverteilung nicht dem Zufall, sondern schafft frühzeitig Strukturen, die beiden Partnern – auch und gerade nach Gründung einer Familie – optimale Entfaltungsmöglichkeiten bieten.

196

Salonière: Zum Schluss gefragt: Würden sie sich selbst als eine „Strippenzieherin" bezeichnen?

BP: Nein.

Salonière: Glauben Sie, dass Sie als solche von ihrem Umfeld wahrgenommen werden?

BP: Nein.

Salonière: Das kommt jetzt etwas überraschend. Könnten Sie das vielleicht erläutern?

BP: Ja, gern. Unter einem „Strippenzieher" versteht man gemeinhin jemanden, der im Hintergrund die Fäden einer Sache in der Hand hält, jemand, der eine gewisse, wenngleich auch nicht unbedingt offensichtliche Macht über andere oder über Situationen hat. Vergleichbar mit einem Marionettenspieler, der fürs Publikum unsichtbar an Strippen oder Fäden zieht, die die Puppen zu Bewegungen nach seinen Vorstellungen führen.

Salonière: Aber das trifft doch für Ihre Tätigkeit als Saloniere eines anerkannten politischen Salons zu, oder?

BP: Aber eben nur scheinbar. Da gilt, was ich vorhin über den „Machtbegriff" sagte wieder: Die Insignien der Macht sind da, aber die Rolle ist nicht mit wirklicher Macht verbunden. Außerhalb des Salons besitze ich ja weder politische noch gesellschaftliche Einflussmöglichkeiten, die mich von meinen Mitbürgern als „Strippenzieherin" absetzten.

Salonière: Bedauern Sie das? Wären Sie z.B. gern in der Politik?

BP: (lacht laut) Oh Gott, nein!

Salonière: Frau Pohle, ich danke Ihnen für dieses Gespräch.

BP: Und ich danke Ihnen für Ihre Aufmerksamkeit und Ihr Interesse.

Fazit

Seit mehreren Jahren sind wir, die Herausgeberinnen, im politischen Umfeld beruflich tätig. In dieser Zeit machten wir in einer von Männern dominierten Branche immer wieder Erfahrungen, die uns zum Nachdenken
brachten. Oft schien es so, als wäre „Frau, jung und erfolgreich" ein Dreiklang, der in männlichen Ohren nicht klang. Unzählige Geschichten ließen
sich von dieser Disharmonie anekdotenhaft erzählen, doch nur zwei sollen hier als Beispiel genannt werden:

*jung=inkompetent – Der Ort: Sitzung einer bundesweiten Arbeitsgruppe von mittel-
ständischen Unternehmern in einem Kassler Hotel. Die Teilnehemer: nur Männer.
Das Durchschnittsalter: 49 Jahre. Die Szene: Eine junge Frau betritt den Raum. Sie
wird von einigen Herren gebeten, ihnen endlich mal einen Kaffee zu bringen. Erstaunte
Blicke folgen, als sich herausstellt, dass es sich bei der vermeintlichen Servierkraft, um
die neue Leiterin der hier tagenden Arbeitsgruppe handelt.*

*Frau=leichte Beute – Der Ort: An der Hotelbar nach einer Fachsitzung. Die Teil-
nehmer: überwiegend Männer. Die Szene: Nach ein paar Drinks erhält Frau den
eindeutig zweideutigen Hinweis, dass Mann auch ein Zimmer im Hotel reserviert habe.
Auf die höfliche Ablehnung wird das Angebot zu vorgerückter Stunde telefonisch wie-
derholt, bei eindeutiger Absage folgt Funkstille – auch auf geschäftlicher Ebene.*

Diese Anekdoten scheinen erstaunliche Einzelfälle zu sein, doch sie sind
es nicht. Beim ersten Mal reagiert man noch verdutzt und nimmt das Erlebte nicht ernst. Die Situation scheint zunächst ein Missverständnis oder
Ausrutscher zu sein, denn mit solchen Verhaltensweisen rechnet eine junge Frau nicht. Doch nach einer gewissen Zeit und wachsender beruflicher
Erfahrung stellt man fest, dass solche Vorkommnisse nicht ungewöhnlich
sind. Auch unsere Autorinnen können sicher die eine oder andere Anek-
dote berichten, doch viel interessanter als eine Männerschelte war für uns
alle die Frage, wie geht man als Frau mit solchen und ähnlichen Situation

um? Was muss eine junge Frau mitbringen, um sich in diesem Berufsfeld durchzusetzen und erfolgreich zu sein?

Der durchaus provokant gewählte Titel „Die Strippenzieherinnen" spielt mit der Disharmonie, die der Dreiklang „Frau, jung und erfolgreich" immer noch auslöst. Er fordert ganz bewusst zum Widerspruch heraus, da er gewollt negative Assoziationen auslöst, die mit dem Begriff der Politikberatung in der öffentlichen Diskussion verbunden sind. Medien nutzen gerne die im öffentlichen Bewusstsein verfestigten Stereotypen von den älteren Herren in dunklen Hinterzimmern, die schwarze Koffer bei sich tragen. Auch Frauen werden von ihrer Umwelt kritisch angesprochen, wenn sie sich zu politischem Einfluss bekennen. Dass dieses Bild nicht dem zeitgemäßen Arbeitsethos an der Schnittstelle zwischen Politik und Kommunikation entspricht, bedarf (leider immer noch) der Aufklärung – dazu wollen die Autorinnen dieses Buches einen Beitrag leisten.

Wer Strippen zieht, der verfügt auch über Macht. Der Umgang mit Macht wurde deshalb in nahezu allen Hintergrund- und Vorgesprächen thematisiert und es zeigte sich, dass dieser Begriff ebenso wie das Schlagwort der „Strippenzieherin" von den Gesprächpartnerinnen sehr ambivalent wahrgenommen wird. Obwohl viele Autorinnen die Verantwortung, die ihnen durch ihre Position zukommt, ganz selbstverständlich annehmen und ihre Vorstellungen selbstbewusst umsetzen, spielt „Macht" keine wesentliche Rolle in ihrer Begriffswelt. Bei Männern hingegen ist „Macht" bei der Auswahl der beruflichen Position sowie bei der Gestaltung der Karriere eine relevante Größe, denn ihnen sind die damit verbundenen Statussymbole wichtig. Männer hätten sich wahrscheinlich mit der Bezeichnung „Strippenzieher" selbstverständlicher identifiziert, viele unserer Gesprächspartnerinnen lehnten dieses Etikett für ihre eigene Positionierung hingegen ab. Diese Ablehnung hat selbst die Herausgeberinnen überrascht, denn die Autorinnen ziehen unserer Ansicht nach durch ihren Platz im politischen System durchaus verschiedene Strippen.

Strippenzieherinnen in Politik und Kommunikation

Bei den Recherchen zu diesem Buch zeigte sich, dass die Suche nach den Strippenzieherinnen nicht ganz einfach ist. Zwar gibt es einige – wenn auch nicht viele – Frauen unter 45 Jahren, die im politiknahen Bereich Führungspositionen einnehmen bzw. Einfluss ausüben, doch nicht immer gelang es, diese für einen Beitrag zu gewinnen. Nahezu jede „Strippenzieherin" stand für ein Vor- bzw. Hintergrundsgespräch zur Verfügung, doch einige mochten zu dem Thema nicht publizieren oder es fehlte in der Unternehmensführung der Mut, Beiträge zur Lobbyarbeit zu unterstützen.

Jede der hier vorgestellten Autorinnen bringt die charakterlichen Voraussetzungen für eine Führungsposition mit: Entscheidungswillen, Autorität, Visionen, Mut und Durchsetzungsvermögen. Viel stärker als bei männlichen Karrierewegen fällt bei den hier Versammelten zudem der Wille auf, den eigenen Weg zu gehen. Sie haben – vielleicht auch unbewusst – den Wunsch, neue Pfade zu beschreiten und in männliche Welten aufzubrechen: Ein gewisser Entdeckergeist à la Robinson Crusoe lässt sich hier wohl kaum verleugnen.

Im Berufsleben stellt man jedoch immer wieder fest, dass die „Meßlatte" für Männer und Frauen noch immer nicht auf gleicher Höhe liegt. Charaktereigenschaften, die einen Mann sofort für die Chefetage qualifizieren, werden bei Frauen gerne anders interpretiert – aus Durchsetzungsvermögen wird Zickigkeit und aus Autorität wird Stutenbissigkeit. Die Erfahrungen der Autorinnen zeigen aber auch, dass Frauen häufig ihr Potential nicht nutzen: Männer sind es gewohnt, um ihren Erfolg zu kämpfen, während Frauen durch Bescheidenheit glänzen. Wer in dieser Arbeitswelt Erfolg haben will, sollte sich nicht „typisch weiblich" verhalten, denn männliche Personalentscheider reagieren stärker auf den Machtanspruch ihrer Geschlechtsgenossen als auf „fleißige Bienchen". Nur in den seltensten Fällen wird man wirklich in die Chefetage gebeten – egal ob Mann oder Frau. Man muss seinen Hut aktiv in den Ring werfen, sonst entsteht bei

Entscheidern schnell der Eindruck, dass man keine Verantwortung übernehmen will. Frauen müssen deshalb vor allem lernen zu sagen: ICH WILL!

Doch was will ich? Diese Frage stellen sich viele Frauen an einem bestimmten Karrierepunkt, denn sie entscheidet über die weitere Gestaltung des Berufsweges: Karriere oder Kinder oder doch beides? Die Antwort darauf fällt ganz unterschiedlich aus und hängt sowohl von persönlichen als auch von gesellschaftlichen Faktoren ab. In der öffentlichen Diskussion werden diese recht privaten Abwägungen oft ideologisiert, so dass der Eindruck von zwei gegensätzlichen Fronten entsteht: Übermutter vs. Rabenmutter. Doch spricht man mit erfolgreichen Frauen, zeigt sich, dass heute nicht mehr zwangsläufig zwischen einer der beiden Lösungen gewählt werden muss. Die Verantwortung wird heute in diesem Bereich zwischen Männern und Frauen neu aufgeteilt: Das weibliche Geschlecht übernimmt mehr Verantwortung im Arbeitsleben, während das männliche im privaten Bereich aufschließt.

Die Beiträge unserer Autorinnen zeigen, dass die Arbeit an der Schnittstelle zwischen Politik und Kommunikation kein nine-to-five-Job ist, sondern viel Engagement und Begeisterung fordert. Frauen, die heute in diesem Bereich Erfolg haben, sind noch immer Ausnahmeerscheinungen. Fasst man ihr Erfolgsrezept zusammen, dann braucht es Qualifikation, Charakter, Wissensdurst, aber auch ein wenig *fortuna*, um einflussreiche Positionen zu erreichen – hier hilft auch keine Quote. Dieses Relikt der 80er und 90er Jahre wird zwar in der Öffentlichkeit immer wieder diskutiert, aber als Instrument zur Erhöhung des Frauenanteils im Management lehnen es nahezu alle hier versammelten Autorinnen ab. Netzwerke sind dagegen Pflicht – aber auch hier setzen erfolgreiche Frauen neue Akzente durch professionelles Kontaktmanagement. Antiquierte „old boys"-Netzwerke haben ausgedient.

Die neuen weiblichen Führungskräfte, die entschlossen und selbstbewusst ihren Weg gehen und nachfolgenden Generationen einen Weg weisen, haben sich dabei eine erfrischende Weiblichkeit und Fröhlichkeit bewahrt, die so manches Männerherz zum Schmelzen bringt. Vielleicht ist das das neue Erscheinungsbild der Entscheider in Politik und Wirtschaft...

Die Autorinnen

BRIGITTE BEHRENS

Jahrgang 1951, studierte zunächst Medizin in Würzburg, später Wechsel zum Soziologiestudium nach Hamburg. Erst Aktivitäten in der Anti-Atomkraft- und der Frauenbewegung. Seit 1986 bei Greenpeace e.V., 1988/89 Weiterbildung durch den Post-Graduierten-Lehrgang „Management von Non-Profit-Organisationen" in der Schweiz. 1988 Berufung zur kommissarischen, 1999 schließlich zur alleinigen Geschäftsführerin von Greenpeace e.V. In ihrer Position verantwortet sie alle Aktivitäten von Greenpeace in Deutschland und unterstützt die internationalen Kampagnen sowie die internationale Weiterentwicklung von Greenpeace weltweit.

SANDRA BUSCH-JANSER

Jahrgang 1978, ist Public Affairs-Beraterin bei dimap communications, dort Leitung internationaler Public Affairs-Etats wie der deutschen Kampagne zur G8-Präsidentschaft Russlands, die 2006 den „Global Award for the best PR Campaign" erhielt. Über mehrere Jahre Wahlbeobachterin für Europarat und OSZE. Seit 2005 zudem Geschäftsführende Gesellschafterin von polisphere - Fachverlag für Politik & Beratung. Von 2002 bis 2004 Wissenschaftliche Mitarbeiterin am Osteuropa-Institut München. Als Stipendiatin der Hanns-Seidel-Stiftung Studium der Politikwissenschaften an der Ludwig-Maximilians-Universität – Hochschule für Politik in München. Berufsbegleitende Dissertation an der Universität Duisburg-Essen.

NICOLE HEIZMANN

Jahrgang 1971, Studium der Rechtswissenschaft an der Albert-Ludwigs-Universität in Freiburg mit Zulassung als Rechtsanwältin 1999. Nach dem Studium wissenschaftliche Mitarbeiterin und Büroleiterin im Bonner/Berliner Büro von Bundestagsabgeordneten. 2000 wechselt sie als Beauftragte für Politik, Parlament und Regierungsangelegenheiten zu einem deutschen Telekommunikationsunternehmen. Seit 2004 stellvertretende Büroleiterin für politische Kontakte in der Repräsentanz eines Energieversorgers. Außerdem engagiert sie sich seit September 2003 als Sprecherin der „Jungen Lobby".

PROF. DR. CLAUDIA KEMFERT

Jahrgang 1968, leitet seit April 2004 die Abteilung Energie, Verkehr, Umwelt am Deutschen Institut für Wirtschaftsforschung (DIW Berlin) und hat den Lehrstuhl für Umweltökonomie an der Humboldt-Universität Berlin inne. Nach dem Studium der Wirtschaftswissenschaften an den Universitäten Bielefeld, Oldenburg und Stanford, promovierte sie 1998. Von Januar 1999 bis April 2000 leitete sie die Forschernachwuchsgruppe am Institut für rationelle Energieanwendung der Universität Stuttgart. Neben Beratertätigkeiten für EU Präsident José Manuel Barroso, die Weltbank und die Vereinten Nationen, ist sie auch offizielle Gutachterin des Intergovernmental Panel of Climate Change (IPCC).

JUDITH KLEINEMEYER

Jahrgang 1972, studierte Germanistik und Politikwissenschaften an der Rheinischen Friedrich-Wilhelms-Universität Bonn, der Humboldt-Universität und der Freien Universität Berlin. Neben dem Studium journalistische Tätigkeit und Arbeitsaufenthalte in Taiwan und Singapur an deutschen Kulturinstituten. Nach Abschluss des Studiums beginnt sie ihre Karriere als wissenschaftliche Mitarbeiterin im Deutschen Bundestag, wechselt als Fachverbandsleiterin Medizintechnik schließlich zu einem Industrieverband in Berlin und ist heute als Associate Director für dimap communications, einer Beratungsgesellschaft für Politik und Kommunikation, tätig.

SONJA MÜLLER

Jahrgang 1971, ist Mitinhaberin der Unternehmensberatung afino consulting, die auf Below-the-Line Marketing und Brand Styling spezialisiert ist. Die Diplombetriebswirtin startete ihre Karriere im strategischen Marketing bei Lufthansa und wechselte dann zum weltweit führenden Reisetechnologiespezialisten Amadeus Global Travel Distribution nach Madrid in das Key Account Management und später zum internationalen Marketing. Sonja Müller hat in verschiedenen Städten in Deutschland sowie in Spanien und den USA gelebt. Die hierzulande geführte Vereinbarkeitsdebatte und der Kampf von Nur-Müttern gegen Karrieremütter erschien ihr nach ihrer Rückkehr nach Deutschland äußerst befremdlich. Unter dem Motto »Qualität kennt kein Geschlecht« gründete Sonja Müller den Verein Victress. Ihre Vision ist die Herstellung von Gender Balance im Geschäftsleben bzw. in der Gesellschaft.

DR. MELANIE PIEPENSCHNEIDER

Jahrgang 1962, Leiterin der Akademie der Konrad-Adenauer-Stiftung in Berlin; Studium der Politikwissenschaft, Publizistik und Rechtswissenschaft sowie Gesellschaftswissenschaften an den Universitäten in Mainz und Frankfurt. Lehraufträge an verschiedenen Universitäten.

Ab Anfang 2008 übernimmt sie die Leitung der Politischen Bildung der Konrad-Adenauer-Stiftung.

DR. BETTINA POHLE

Jahrgang 1961, studierte Germanistik und Anglistik an der Freien Universität Berlin und der University of California at Berkeley, wo sie 1994 in deutscher Literaturwissenschaft promovierte. Sie lebte und lehrte 12 Jahre in den USA und war außerdem in den Bereichen Ausstellungskonzeption, Film-Synchronisation, Verlagswesen und Redaktion tätig. Seit 1999 leitet sie als Salonière den Berliner Zukunftssalon. Bettina Pohle lebt derzeit mit ihrem Partner (dem Politikberater Ralf Welt) und ihren zwei Kindern in Berlin.

ANETTE SCHIRMER-RUSCH

Jahrgang 1965, ist verheiratet und hat eine Tochter. Nach dem Abschluss des Jura-Studiums machte sie einen NLP-Master nach GANLP und spezialisierte sich durch Weiterbildungen auf die Systemische Beratung. Als Systemische Supervisorin und Systemisch-lösungsorientierte Organisationsberaterin ist sie seit 1995 mit einer eigenen Beratungspraxis selbständig und berät hier hauptsächlich Menschen in Führungspositionen aus Politik, Verwaltung und Wirtschaft. Sie gibt ihr Wissen auch als Lehrbeauftragte an der Technischen Fachhochschule Berlin zum Thema „Coaching als Führungsaufgabe" weiter und bildet selbst Coaches im eigenen Institut aus.

ANJA SCHLICHT

Jahrgang 1971, studierte Publizistik- und Kommunikationswissenschaft an der FU Berlin, HIBO Gent und CELSA/Sorbonne, Paris. Sie ist Absolventin des internationalen Studienganges "European Master's Degree in Public Relations/Communication Management", Diploma in European Public Relations. Sie ist Büroleiterin der PRint, Agentur für Öffentlichkeitsarbeit, in Berlin. Von 2000 bis 2007 leitete sie den Public Affairs Bereich von Hill & Knowlton in Deutschland. Davor war sie seit 1995 Beraterin bei ABC, Agentur für Kommunikation. Von ihr konzipierte und durchgeführte Kampagnen wurden mehrfach ausgezeichnet, so z.B. mit dem „UN Grand Award for Excellence in Public Relations", den Golden World Awards der International Public Relations Association (IPRA) sowie den deutschen Branchenauszeichnungen „Deutscher PR Preis" und den „PR Report Awards".

DAGMAR SCHRÖDER-HUSE

Jahrgang 1976, war von Dezember 2002 bis April 2007 Geschäftsführerin der deutschen Sektion von Transparency International. Die Thüringerin, die in Göttingen und Paris Politik-, Medienwissenschaften und Jura studiert hat, ging nach ihrem Studium in die USA und nach Russland. In den USA absolvierte sie in New York ein Aufbaustudium in den Bereichen Wirtschaft, Marketing und PR. Der Aufenthalt in Russland hat ihr vor Augen geführt, welche Schäden Korruption anrichten kann, wie sie die Entwicklung eines Staates behindert und das tägliche Leben der Menschen massiv beeinträchtigt. Daraufhin beschloss sie, sich dem Thema Korruptionsbekämpfung zu widmen.

CORNELIA YZER

Jahrgang 1961, studierte Rechtswissenschaften und Wirtschaftswissenschaften in Münster und Bochum und beginnt ihre berufliche Karriere als leitende Mitarbeiterin bei der Bayer AG in Leverkusen. 1990 wird sie Mitglied des Bundestages und von Mai 1992 bis November 1994 Parlamentarische Staatssekretärin beim Bundesminister für Frauen und Jugend, dann Wechsel in gleicher Funktion in das Bundesministerium für Bildung, Wissenschaft, Forschung und Technologie. Seit 1997 ist sie Hauptgeschäftsführerin des Verbandes Forschender Arzneimittelhersteller (VfA).

209

Wir bedanken uns für die freundliche Unterstützung bei unserem Sponsor

Wir bringen's auf den Punkt.
national und international

●● ● Strategie- und
Politikberatung

●● ● Public Affairs,
Media Relations,
Corporate
Communications

●● ● Meinungsforschung

Dafür bieten wir Köpfe, die gerne mal die Denkrichtung wechseln – damit wir's gemeinsam auf den Punkt bringen.

dimap communications (dicomm) ist Kommunikations-beratung, Politik-Agentur und Think Tank. Wir planen, positionieren und kommunizieren Ihr Anliegen zielsicher in der politischen Arena und im öffentlichen Diskurs. Als Teil der dimap-Gruppe sind wir mit Büros in Berlin, Bonn und München im gesamten Bundesgebiet vertreten.

Mehr erfahren Sie unter
www.dimap-communications.de
info@dimap-communications.de

dimap communications GmbH
Ermelerhaus
Märkisches Ufer 10
10179 Berlin

dimap communications
berlin · bonn · münchen

Florian Busch-Janser, Sandra Busch-Janser & Mario Voig (Hg.)
Politikberatung als Beruf
Unter dem Begriff „Politikberatung" lassen sich viele unterschiedliche Berufsbilder vereinen. Die Politikberatung umfasst sowohl die interne Arbeit in Parteien, Fraktionen, Abgeordnetenbüro und Verwaltung als auch externe Wahlkampf- und Lobbyberatung sowie die Tätigkeit in Konzernrepräsentanzen, Agenturen, Kanzleien und Think Tanks. Alle Berufsbilder verbindet das Ziel, politische Prozesse zu gestalten und Informationen für politische Entscheider aufzubereiten und zur Verfügung zu stellen. Die Autoren dieses Sammelbandes sind junge Politikberater, die so genannte „Next Generation". Sie stehen mitten im Berufsleben und beschreiben ihren Arbeitsalltag mit dem Blick des Praktiker. Jeder Beitrag bietet Einblicke in einen anderen Aspekt der Politikberatung und informiert über Zugangsvoraussetzungen und Einstiegsmöglichkeiten. Studenten, Absolventen und Young Professionals erhalten einen ersten Einblick in die deutsche Politikberatungsszene und Unterstützung bei der Entwicklung von Zielvorstellungen. Der Sammelband mit seinen Insider-Informationen wird so zum Wegweiser für einen Arbeitsmarkt, der viel fordert, aber auch viel bietet.

Judith Kleinemeyer & Sandra Busch-Janser (Hg.)
Die Strippenzieherinnen. Welche Frauen stehen im Hintergrund?
Strippenzieherin ist kein nine-to-five-Job. Erfolgskriterien auf dem politischen Parkett Berlins sind Qualifikation, Charakter und Wissensdurst. Entschlossen und selbstbewusst nehmen sich diese Frauen ihren Platz in einer männlich dominierten Arbeitswelt. Dabei haben sie sich eine erfrischende Weiblichkeit und Fröhlichkeit bewahrt, die manches Männerherz zum Schmelzen bringt. Ist dies das neue Erscheinungsbild der Entscheider in Politik und Wirtschaft? Weisen sie nachfolgenden Generationen den Weg? Hier sind elf Strippenzieherinnen versammelt, die alle an der Schnittstelle zwischen Politik und Kommunikation ihren „Mann" stehen. Sie berichten von ihrer Arbeit, ihren Erfolgen, Irrwegen und Niederlagen – und vom Leben einer Karrierefrau unter Männern.

Anna Glombitza
Corporate Social Responsibility in der Unternehmenskommunikation
Der Trend ist eindeutig: Gesellschaftliche Verantwortung der Unternehmen wird ein immer wichtigerer Bewertungsfaktor. Aktuelle politische und ökonomische Verschiebungen verlangen, dass Unternehmen ihre Rolle in der Gesellschaft neu definieren. Gleichzeitig werden mit Corporate Social Responsibility (CSR) ökonomische und kommunikative Ziele verbunden.

Melchert/Magerl/Rauer/Kreitz/Schalt (Hg)
Vereinige Staaten von Europa - Vision für einen Kontinent
Die Zukunftsvision Vereinigte Staaten von Europa ist Gesamtkonzept, Masterplan, großer Wurf, Modell und Gegenmodell in einem. Wie werden die Europäer ihre Vereinigten Staaten bauen? Mit Beiträgen von u.a. Javier Solana, Otto von Habsburg, Richad von Weizsäcker, Mario Ohoven und Ronald Pofalla.

Düsseldorfer Forum Politische Kommunikation
Akteure, Prozesse, Strukturen - Tagungsband 2005
von Hofer/Schemann/Stollen/Wolf (Hg)

E-Campaigning als effizientes Instrument der politischen Lobbyarbeit?
Eine Analyse am Beispiel der Naturschutzverbände in Deutschland
von Patrick Brauckmann

In der Mitte der Kampage - *das Buch zur Bundestagswahl 2005*
Grassroots und Mobilisierung im Bundestagswahlkampf 2005
von Melchert, Magerl und Voigt (Hg)

Körpersprache und Kommunikation im Bundestagswahlkampf
Gerhard Schröder versus Edmund Stoiber
von Dr. Werner Dieball

Politikberatung als Beruf
von Busch-Janser, Gerding und Voigt (Hg)

Sind Verbände noch zeitgemäß?
Ein Vergleich zwischen CDI und BDI
von Alexander Brehm

Staat und Lobbyismus
Legitimation und der Instrumente unternehmerischer Einflussnahme
von Florian Busch-Janser

The People's Governor
Die Wahl Arnold Schwarzeneggers zum Gouverneur von Kalifornien
von Ralf Güldenzopf

Politikberatung lebt von Inhalten. Deshalb verlegen wir nicht nur Bücher zur Politikberatung und Politischen Kommunikation, sondern auch andere Werke, um einen Blick über den Tellerrand zu ermöglichen.

Auf die Arbeit kommt es an!
von David Eckel

Corporate Social Responsibility in der Unternehmenskommunikation
von Anna Glombitza

CSR-Kommunikation anhand von Stakeholderdialogen
von Ann Kristin Barth

Das Konfliktmanagement der OSZE
von Matthias Dornfeldt

Der parlamentarische Untersuchungsausschuss
von Burghard Oeverhaus

Internationale Wahlbeobachtung nach dem Ende des Ost-West-Konflikts
von Dr. Ekkehard Münzing

Staatsverschuldung in der Bundesrepublik Deutschland
von Sebastian Finsterbusch

Kommunikationsberatung leidet oft unter ihrer fehlenden Verbindung von Theorie und Praxis. Vorhandene Analyse-, Strategie- und Evaluationsmethoden werden kaum genutzt. Die Berliner PR-Agentur Johanssen + Kretschmer Strategische Kommunikation GmbH will mit der Herausgabe der Reihe J+K Wissen dazu beitragen, dies zu verändern.

Alle Bücher sind zum Preis von 24,80 € im europäischen Buchhandel erhältlich.

Band 1: Mirko Milinewitsch
Professionalisierung der Interessenvermittlung durch externes Public Affairs Management

Band 2: Anna Glombitza
Corporate Social Responsibility in der Unternehmenskommunikation

Band 3: Christian H. Schuster
Politikberatungsagenturen in Deutschland

Band 4: Andreas von Münchow
Strategische Allianzen im Bereich der politischen Interessenvermittlung

Band 5: Robert Helbig
Herausforderungen der Krisenprävention und Krisenkommunikation politischer Parteien

Band 6: Andreas Fiersbach
Organisationsentwicklung in Medienunternehmen

Band 7: Claudia Kullick
Public Relations und Risikomanagement

Sonderband: Melchert/Magerl/Rauer/Kreitz/Schalt (Hg)
Vereinige Staaten von Europa - Vision für einen Kontinent
Mit Beiträgen von u.a. Javier Solana, Otto von Habsburg, Richad von Weizsäcker, Mario Ohoven, Ronald Pofalla, Armin und Elmar Brok

Die politische Beratung steht in Deutschland noch am Beginn ihrer Entwicklung. Um einen Professionalisierungsgrad zu erreichen, wie er für Washington und Brüssel selbstverständlich ist, müssen nicht nur die Strukturen formalisiert, sondern vor allem Information über die Branche und die politischen Prozesse zur Verfügung gestellt werden. Mit der Herausgabe der BJP Edition will Busch-Janser Personalmanagement dazu beitragen, die vorhandene Wissenslücke zu schließen, und gleichzeitig dem wissenschaftlichen Austausch ein Forum bieten. Durch das Angebot wird insbesondere bei Berufseinsteigern das Verständnis für die Branche Politik und Beratung gefördert und Transparenz geschaffen, während Young Professionals durch eine breit gefächerte Themenauswahl Denkanstöße für die tägliche berufliche Praxis erhalten. Die BJP Edition wird in Deutschland exklusiv über Amazon und die Parlamentsbuchhandlung vertrieben.

Karriereguide Public Affairs, hg. von Florian Busch-Janser & Marie Pötter
ISBN 978-3-9-3845631-6, 10€

Politikberatung als Beruf, hg. von Florian Busch-Janser, Sandra Busch-Janser & Mario Voigt
ISBN 978-3-9-3845630-9, 10€

Die Strippenzieherinnen, hg. von Judith Kleinemeyer & Sandra Busch-Janser
ISBN 978-3-9-3845632-3, 20€

Praxishandbuch Lobbying, von Christoph Vondenhoff & Sandra Busch-Janser
ISBN 978-3-9-3845633-0, 20€

Political Leadership
(in Vorbereitung)

Careerguide EU-Public Affairs
(in Vorbereitung)

Going Abroad – Political Consulting in den USA
(in Planung)

Karriereguide Verbandsmanagement
(in Planung)